다산 산책 기행

다시 시작할 용기가 필요한 이들에게
절망을 이겨낸 다산의 길을 권하다

백제나 지음

다산 산책 기행

다시 시작할 용기가 필요한 이들에게
절망을 이겨낸 다산의 길을 권하다

국립박물관 큐레이터가 설계한
가장 완벽한 인문 산책 코스

다산의 생가에서 묘역까지
모든 것이 끝난 곳에서
정약용의 길을 걸어보았다

다산 정약용(丁若鏞)
(1762 - 1836)

조선 후기 실학을 집대성한 학자이자 사상가이다.

1762년 경기도 남양주 마재(현 조안면 능내리)에서 태어났다. 정조의 신임을 받아 관료로서 개혁을 시도했으나 1801년 신유박해로 유배되었고, 전라남도 강진에서 대부분의 18년을 보냈다. 해배 이후 고향 남양주로 귀향하여 학문과 저술에 매진하였으며, 일생에 걸쳐 『목민심서』·『경세유표』·『흠흠신서』 등 500여 권의 방대한 저작을 남겼다. 1836년(헌종 2) 2월 22일 마재리에서 별세했다. 그의 묘는 여유당 뒤편 언덕에 있다.

연 표
다산의 생애

연도	장소	사건
1762년	남양주	경기도 남양주 마현리(현재의 조안면 능내리)에서 태어났다. 본관은 나주이며, 자는 미용(美庸), 호는 다산(茶山) 또는 여유당(與猶堂)이다.
1770년대	한양	한양을 오가며 사서삼경을 비롯한 기초 학문을 익혔다. 이 시기부터 기존 경학 주석들을 비판적으로 검토하며 학자로서의 자질을 보였다.
1783년	한양	소과에 합격하여 성균관에 들어가 학행을 인정받으며 관직에 나아갈 기반을 마련했다.
1784년	한양	정조의 신임을 얻어 초계문신으로 임용되었다. 이곳에서 다양한 서책을 교감, 정리하고 정책 문서 편찬을 지원하며 실무 경험을 쌓았다.
1789년	한양	문과 대과에 급제하여 정식 관료가 되었으며, 정조가 추진하던 개혁 정치의 핵심 실무자로 활동하기 시작했다.
1792-1793년	한양	국가 제도 개혁에 관한 상소를 꾸준히 올리고, 법령 정비와 지방 행정 실태 조사에 참여하여 보고서를 작성하는 등 개혁 정책에 관여했다.
1794-1796년	수원	수원 화성 축성에 참여하여 현장 측량과 시공을 지원했다. 특히 거중기를 직접 설계하고 운용을 검토하며 공사 행정 절차를 정비하는 데 크게 기여했다.
1797-1799년	수원	서학(천주교)과의 관련성으로 의심을 받으며 탄핵 상소가 잇따르자 여러 차례 보직이 바뀌었다. 이 시기 잠시 관직을 떠나 학문 정리에 몰두하기도 했다.

연도	장소	사건
1800년	한양	개혁 군주 정조가 승하하면서 그를 지지하던 정치적 기반이 약화되고 중앙 정계에 큰 변화가 닥쳤다.
1801년	강진	신유박해가 일어나면서 서학에 연루되었다는 죄목으로 체포되어 전라남도 강진으로 유배되었다. 이곳에서 18년간의 기나긴 유배 생활을 시작하며 학문 연구와 후학 양성에 전념할 준비를 했다.
1808년	강진	국가 경영에 관한 자신의 경륜을 집대성한 『경세유표(經世遺表)』의 집필을 시작했다. 이 책에서 중앙 행정 체계의 재설계, 관제 및 재정 구조 개편안의 초고를 구상했다.
1811년	강진	우리나라의 역사 지리를 사료를 통해 고증하고 재구성한 『아방강역고(我邦疆域考)』를 집필했다.
1818년	강진	지방관이 지켜야 할 덕목과 행정 실무 지침을 상세히 담은 『목민심서(牧民心書)』를 완성했다. 같은 해 18년간의 오랜 유배 생활에서 풀려나 해배(解配)되었다.
1818년	남양주	꿈에 그리던 고향 남양주로 돌아와 자신의 호를 딴 여유당(與猶堂)에 정착했다. 강학을 재개하고 유배 시절 저술했던 방대한 글들을 재정비했다.
1822년	남양주	형사 사건의 판례를 정리하고 합리적인 심문 절차와 증거주의를 제안한 법제서 『흠흠신서(欽欽新書)』를 완성했다.
1823-1835년	남양주	후학 양성을 계속하면서 방대한 자신의 저작들을 교열하고 편차를 정리하여 자신의 사상을 후세에 온전히 전승할 체계를 마련했다.
1836년	남양주	세상을 떠났다. 그의 생애를 통해 남긴 500여 권에 달하는 방대한 저술은 사후에 여유당전서로 정리되어 조선 후기 실학사상의 위대한 금자탑으로 평가받고 있다.

경계에 들어서다

입경入境
다산 산책 기행

다산의 고향 남양주, 그 사유의 길에 들어서며

한 위대한 인물의 생애를 깊이 있게 이해하는 길은 그가 남긴 낡은 책들을 읽는 일로는 완결되지 않는다. 그의 사상이 싹을 틔운 공간, 삶의 근간이 되었던 장소를 찾아 그 고뇌가 서린 길 위에 직접 발을 디뎌 보는 행위가 더해져야 한다. 기록된 문자로는 다 전해지지 않는 그의 삶의 맥락과 사유의 깊이가 그 터전에 고스란히 깃들어 있기 때문이다. 이처럼 시대를 관통한 거인의 자취를 따라 걷는 경험은, 때로 우리 자신의 삶을 되돌아보게 하는 맑은 거울이 되어, 멈춰선 걸음에 나아갈 방향을 가르쳐 주기도 한다.

우리가 이 여정에서 마주할 인물은 다산(茶山) 정약용(丁若鏞)이다. 그는 한 시대가 온전히 감당하기에는 너무도 컸던 존재였으며, 빛나는 재능으로 가득했으나 깊은 암흑으로 내몰린 비운의 천재였다. 지혜로운 군주 정조(正祖)의 신임 아래 백성을 위한 세상을 다스리고 실용을 이룬다는 웅대한 포부를 펼치던 짧은 시기는 봄날의 꿈처럼 흩어졌고, 그의 생애 대부분은 18년이라는 길고 깊은 유배의 세월로 채워졌다. 하지만 그의 삶에 드리운 조선의 낡은 모순이라는 어두운 그림자는, 오히려 '실학(實學)'의 결실을 더욱 밝고 견고하게 여물게 하는 자양분이 되었다.

정약용의 사상은 현실 개혁을 위한 실용적인 학문의 정점에 있다. 그는 사변적인 논쟁에 매몰되지 않고, 고통받는 민생을 실질적으로 구제할 수 있는 법과 제도의 혁신에 모든 지혜를 집중했다. 그의 학문은 관념의 성곽을 벗어나, 당시 사회가 앓고 있던 병폐를 직시하고 그 치유책을 찾는 데 주력했다.

유배지에서 저술한 500여 권의 방대한 저작, 특히 일표이서(一表二書)로 불리는 『경세유표(經世遺表)』, 『목민심서(牧民心書)』, 『흠흠신서(欽欽新書)』는 그의 개혁 의지를 가장 뚜렷하게 드러낸다. 『경세유표』는 당시 조선 사회를 근본부터 새롭게 일으키기 위한 행정 및 제도 개혁의 청사진이었다. 그는 토지 제도의 부조리를 비판하고, 농민의 공동 경작과 노동량에 따른 생산물 분배를 주장하는 여전론(閭田論) 등 전면적인 개혁 방안을 제시했다. 이는 민초는 가난함보다는 공정하지 못한 것에 분개한다는 그의 인식이 반영된 것으로, 백성의 생존권을 확보하고 부의 편중이라는 사회적 모순을 해소하려는 근원적 대안이었다. 다산은 상업과 공업을 농업에 못지않게 중요하게 보아, 사농공상의 직업에 귀천을 두지 않고 사회적 분업을 보장해야 한다는 앞서가는 경제관을 제시하기도 했다.

정약용의 사유는 시종일관 민초(民草)에게로 향했다. 『목민심서』는 관리들이 지켜야 할 청렴과 절제의 윤리, 그리고 백성을 진정으로 아끼고 사랑하는 백성 사랑의 마음을 중심축으로 삼는다. 그는 백성을 사랑하는 근본은 아껴 쓰는 데 있고, 아껴 쓰는 근본은 검소하게 말하는 데 있다고 하며, 지방 관리인 목민관(牧民官)에게 어른 공경과 아이 사랑의 자세로 사회의 약자들(홀아비, 과부, 고아, 독거노인 등 4대 궁인)을 보살피는 구체적인 의무를 주문했다.

그의 백성을 아끼는 마음은 마음속의 연민에 머무르지 않았다. 관리들의 횡포와 가렴주구로 인해 백성들이 겪는 처참한 실상을 고발한 그의 시(詩)들, 예컨대 「애절양(哀絶陽)」과 같은 작품은, 부조리한 제도와 악습이 한 인간의 존엄성을 어떻게 짓밟는지를 언급한다. 다산은 백성들의 고난을 자신의 문제로 받아들이고 개혁을 통해 구원하려 노력했다. 그의 애민 사상은 성리학의 천명(天命) 관념을 인간의 양심(良心)으로 해석하고 백성을 위한 지도자(군자)의 임무를 강조하는 주체적인 유학 해석에서 비롯되었다.

이 책은 다산의 생애를 따라 그의 자취가 깊이 배어 있는 남양주라는 터전을 걷는 사유의 발걸음이다.

남양주는 다산이 태어나고 자라 영민함을 키웠으며, 정조의 총애를 받던 시절의 희망이 깃들었던 곳이다. 또한, 기나긴 유배를 마치고 돌아와 학문적 결실을 완성하고 생을 마친 사유의 근원과 같은 곳이다. 유배에서 돌아온 뒤, 다산은 남양주 마재의 여유당(與猶堂)에서 학문을 집대성하고 후학들을 가르치는 데 힘썼다. 이곳에서의 시간은 정치적인 좌절을 경험했지만, 경학과 경세학을 융합하고 서학(西學)의 합리적인 지식을 수용하여 새로운 유학의 영역을 개척했던 다시 일어선 공간이었다. 다산이 평생 추구했던 실사구시(實事求是)의 태도, 즉 사실에 근거하여 진리를 탐구하려는 자세는, 그의 고향 남양주에서 민생 개혁의 열매로 여물었다.

우리의 이 발걸음은 그의 고뇌와 시련, 그리고 그것을 경전 연구를 통해 이겨내고 세상에 대한 책임을 놓지 않으려 했던 고매한 의지를 가슴 깊이 느끼며 스스로에게 질문을 던지는 일이다. 우리는 왜 삶의 마지막 순간에 아쉬움을 남기는가. 무엇이 우리의 생을 이만하면 충분했던 삶이었다고 긍정하게 만드는가.

이 산책은 그 물음에 대한 해답을 찾는 과정이며, 다산의 실용적 지혜처럼 각자가 나아가야 할 길을 얻기 위함이다. 이미 흐른 시간은 되돌릴 수 없으나, 적어도 우리에게 남아있는 시간을 이전보다 더 깊고 바르게 살아낼 힘을 얻는 것, 그것이 우리가 이 위대한 옛 학자의 자취를 따라 걷는 참된 이유일 것이다. 다산의 삶이 겪은 시련은 한 시대가 자신 안에 피어난 큰 빛을 알아보지 못한 안타까운 역사의 기록이었다. 그가 남긴 방대한 학문은 어쩌면 당시 사회가 아직 인식하지 못했던 다가올 시대의 모습이었을지도 모른다. 그의 길을 걸으며, 우리는 한 위대한 학자의 생애뿐 아니라 우리가 과거에 놓쳐버린 역사의 또 다른 가능성과, 현재를 살아가는 우리에게 요구되는 사회적 책임과 실천적 지혜에 대하여 깊은 깨달음을 얻게 될 것이다.

이제, 그 발자국을 따라 함께 걷기를 청한다. 남양주에서 마주하는 다산의 발자취와 그곳에서 솟아난 느낌들, 그리고 자신의 삶을 변화시킬 수 있는 깨달음의 조각들을 성실하게 기록해 보기를 권유한다. 이 작은 사유의 시작들이 모여, 결국 우리의 삶의 기반을 확고하게 다지는 큰 힘이 되어 줄 것이다.

차례

다산의 생애 ... 006
입경入境 : 다산 산책 기행 ... 008

 1부 다산의 생가 여유당

수신의 뜻을 담은 다산의 생가, 여유당 ... 030
배움을 삶으로 실천하다 ... 035
수신에서 제가(齊家)로 실패에서 배운 교훈 ... 038
완성된 실천 철학,《목민심서》 ... 040
여유당에 깃든 정신 오늘, 우리에게 필요한 수신의 자세 ... 044

다산의 산책 노트 ① 나의 여유당(與猶堂) 세우기 ... 048

2부 다산의 서재 여유당 사랑채

여유당 사랑채, 시련이 빚어낸 결실의 공간 ... 056
위기를 기회로 바꾼 힘, 지식경영 ... 060
공부의 진정한 목적, 나 자신을 아는 것 ... 064
쓸모 있는 공부는 어떻게 완성되는가 ... 067
시련의 시간을 건너는 우리 시대의 서재 ... 070

다산의 산책 노트 ② 자기경영을 실천하기 ... 072

3부 다산 정약용 선생 묘

삶의 마침표, 스스로의 삶을 기록하다 ... 080
사람은 떠나도, 글은 남는다 ... 084
스스로를 돌아보는 거울 ... 088
기적을 만든 힘, 꾸준함 ... 091
꾸준함이 조롱받는 시대에게 ... 093

다산의 산책 노트 ③ 나의 자찬묘지명 써보기 ... 098

4부 위대한 유산의 증거, 다산 기념관

다산은 왜 제도를 말했는가 ... 106
무너진 시대가 낳은 절박함, 《경세유표》 ... 111
나라를 위한 개혁의 설계도 ... 114
좋은 시스템과 현명한 사람 ... 118
시대를 넘어선 다산의 혜안 ... 120

다산의 산책 노트 ④ 삶의 원칙을 세우고 지혜를 구하기 ... 124

5부 왜 불편한가, 실학박물관

"왜 불편한가?"에서 시작된 학문, 실학(實學) ... 132
조선의 지리지를 지도로 요약하다 ... 135
실학의 모든 것을 꿰뚫다, 다산 정약용이라는 거인 ... 140
실학 정신의 뿌리를 찾아서, 세종, 과학의 시대를 열다 ... 143
만약 조선이 실학을 받아들였다면 ... 146
다시, 실패를 두려워하지 않는 실학의 자세 ... 150

다산의 산책 노트 ⑤ 내 인생의 지도를 만든다면? ... 154

6부 대동의 세상을 향해, 다산생태공원

멈춰 선 시대의 두 가지 경고음 ... 162
다산 생태공원, 멈춤을 위한 공간 ... 165
흐르는 강물에서 배운다, 상선약수(上善若水)와 성찰 ... 168
물을 다스린다는 것, 치수(治水)와 공동체의 철학 ... 171
다산이 발견한 자연의 원리, 공존(共存)과 상생(相生) ... 174
다시, 대동(大同)의 세상을 향하여 ... 177

다산의 산책 노트 ⑥ 삶의 순환과 대동의 세상을 꿈꾸다 ... 182

 ## 7부 시작과 끝, 능내역 폐역

멈춘 시간 위에 새로운 숨을 불어넣다 ... 188
낡은 치마폭에 담긴 아버지의 마음 ... 193
옛 문헌에서 백성을 위한 기술을 찾다 ... 197
철길에서 사람의 길로, 능내역의 변용과 상통 ... 201
전통의 현을 울려 현대를 노래하다, 온고지신의 확장 ... 204
산책길에서 나를 새롭게 발견하는 지혜 ... 207

다산의 산책 노트 ⑦ 온고지신의 지혜로 자신을 변화시키기 ... 210

출경入境 : 다산 산책 기행 ... 212
참고 문헌 ... 216

다산의 산책로

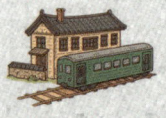

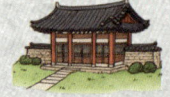

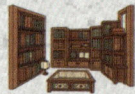

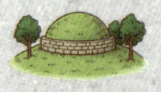

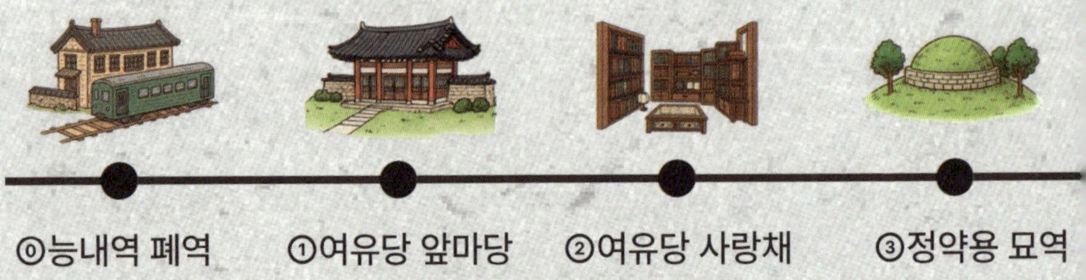
⓪능내역 폐역
①여유당 앞마당
②여유당 사랑채
③정약용 묘역

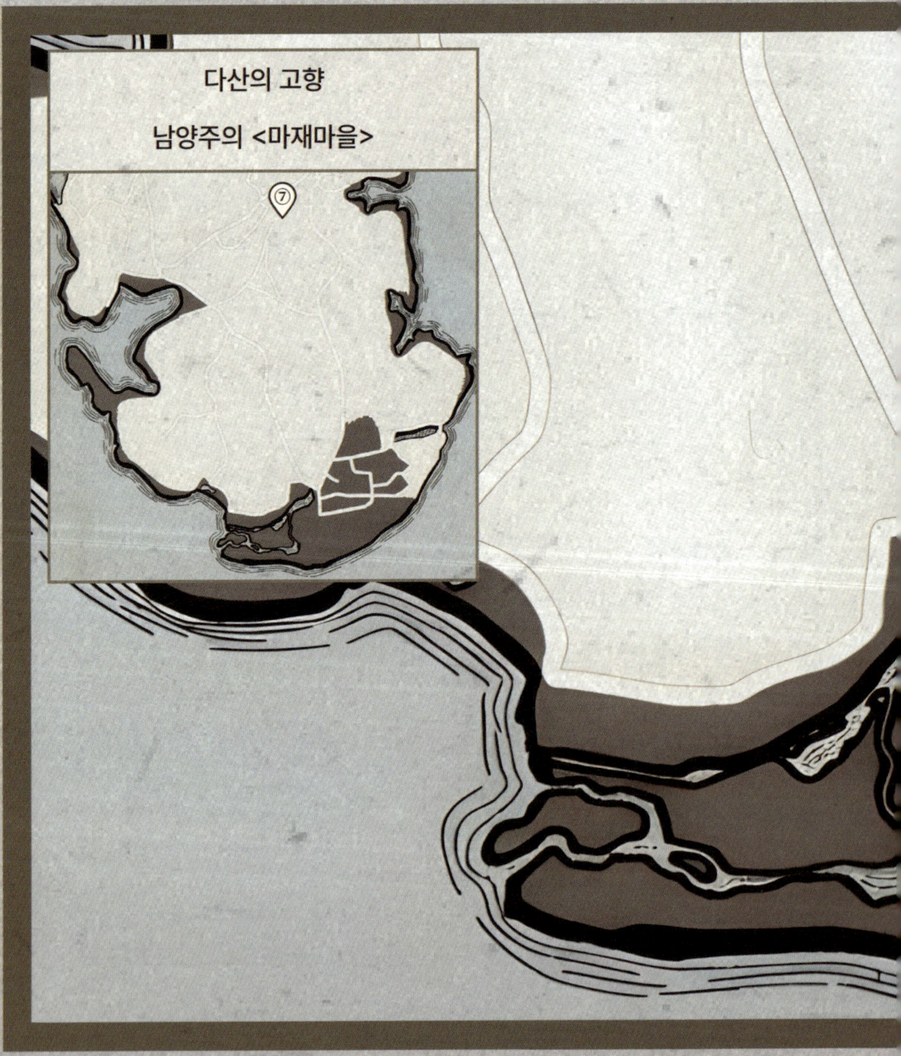
다산의 고향
남양주의 <마재마을>
⑦

④ 다산 기념관　⑤ 실학박물관　⑥ 다산생태공원　⑦ 능내역 폐역

일러두기

· 이 책은 다산 정약용(丁若鏞, 1762-1836)의 방대한 저작과 삶의 궤적을 남양주 유적지 산책이라는 현대적 경험을 통해 재해석한 인문 기행서입니다. 『목민심서(牧民心書)』, 『경세유표(經世遺表)』 등 그의 주요 저술과 편지, 시(詩)에 담긴 핵심 사유를 바탕으로 했습니다.

· 다산 사상의 정수를 보존하면서도, 독자들이 산책이라는 일상적 행위를 통해 다산의 지혜를 체험적으로 만날 수 있도록 새로운 흐름으로 내용을 구성했습니다. 자칫 어렵게 느껴질 수 있는 그의 사상을 성찰, 균형, 일상의 실천, 걷기의 의미와 같은 현대적 키워드와 연결하여 풀어냈습니다.

· 본문의 인명, 지명, 서명(書名) 등 고유명사 표기는 국립국어원 표준을 따르는 것을 원칙으로 하되, 역사적 맥락과 관용적으로 굳어진 표현을 존중했습니다. 독자의 이해를 돕기 위해 필요한 경우 한자(漢字)를 병기했습니다.

· 본문에 붙인 각주는 모두 편집자 주(註)입니다. 다산의 고유한 철학 용어, 그의 생애와 관련된 인물이나 사건, 그리고 독자의 이해를 돕기 위한 시대적 배경과 저술에 대한 부연 설명 등을 간략히 풀이했습니다.

다산 정약용, 유배 18년 만에 해배되어
고향 남양주로 돌아오다

1818년, 18년의 기나긴 세월을 유배지 강진에서 보낸 다산이 마침내 고향 마재(현재의 능내리)로 돌아왔다. 그의 나이 무려 57세. 청운의 꿈을 안고 한양을 오가던 빛나던 젊은 관료의 모습은 찾기 어려웠다.

그가 지금 디딘 고향은, 마치 모든 것이 멈추고 모든 길이 끊겨버린 '폐역'과도 같았다. 더는 그가 나아갈 철길은 보이지 않았다.

18년 전, 그를 아꼈던 군주 정조가 세상을 떠나자마자 큰 풍파가 몰아닥쳤다. 1801년의 신유박해. 천주교에 연루되었다는 죄목은 표면적인 이유였으며, 그 이면에는 그의 재능과 세상을 바꾸려 했던 개혁 의지를 두려워했던 반대 세력의 뜻이 있었다. 그는 제거해야 할 정적(政敵)이었다.

칼날은 가혹했다. 아우 정약종은 자신의 신념을 굽히지 않고 순교의 길을 택했다. 형님 정약전은 머나먼 흑산도로 귀양을 가, 끝내 고향을 밟지 못하고 그곳에서 홀로 눈을 감았다는 소식만 전해졌다. 다산 자신도 죽음의 문턱까지 갔다가, 머나먼 남쪽 끝 강진으로 보내져 18년의 세월을 묶인 채

지내야 했다.

이제 그는 풀려났다. 그러나 귀향은 영광스러운 복귀와 거리가 멀었다. 임금은 그를 부르지 않았고, 조정에는 그의 자리가 없었다. 세상은 그를 잊었거나, 혹은 애써 외면했다.

유배지에서 피를 토하는 심정으로 저술했던 방대한 설계도, 그리고 백성을 구하고 나라를 새롭게 할 방책들. 그러나 이제 그 누구도 이 책들을 받아들지 않았다. 그것들은 한낱 종이더미와 다름없었다.

돌아온 고향에서 그를 기다리는 것은 폐족(廢族)이라는 차가운 낙인이었다. 모든 것이 풍비박산 난 가문의 현실, 그리고 살아남았다는 무거운 죄책감이었다.

성공도, 희망도, 그가 나아가려 했던 길도 모두 막혔다. 이 멈춰버린 폐역 앞에서, 다산은 어디로 가야 하는가. 모든 것을 잃은 그에게 남은 단 하나의 공간, 그가 태어났고 또한 그가 마주해야 할 아픈 현실이 기다리는 곳.

다산은 자신의 생가이며, 그의 마지막 18년이 시작될 여유당(與猶堂)의 그 텅 빈 마당을 향해 무거운 발걸음을 옮긴다.

첫 번째 산책로

여유당
다산의 생가

> 떠돌아다니며 쓰임이 없었고,
> 변방에 궁핍히 산 지 18년이었다.
>
> 流落無所用焉。窮居絕徼十有八年.
> ―『목민심서』〈서〉

18년 만이다. 왕의 총애를 받던 젊은 개혁가는 모든 것을 잃은 죄인이 되어 고향의 흙을 다시 밟는다. 하지만 그를 맞이한 여유당 앞마당은 너무나도 텅 비어 있다. 돌아왔다는 안도감 대신, 돌이킬 수 없는 상실감이 먼저 밀려온다. 고즈넉한 강변의 풍경은 아름답지만, 함께 거닐던 형제들은 더 이상 곁에 없다. 정약전은 머나먼 흑산도 유배지에서 생을 마감했고, 정약종은 신념을 지키다 형장의 이슬로 사라졌다.

살아남은 그는 이제 폐족(廢族), 즉 멸문지화를 당한 가문의 수장이 되었다. 찢겨나간 붉은 치마에 아들들을 위한 가르침을 새겨 넣는 아버지의 마음은 죄책감으로 가득하다. 그가 아들들에게 가르친 독서와 근검은 죄인의 자식이라는 굴레를 쓰고 험한 세상을 버텨내야 할 생존의 기술이 되었을 뿐이다. 이곳, 여유당 앞마당은 한 인간이 감당해야 했던 지독한 상실의 무게와 무너진 가문을 다시 세워야 하는 가장의 절박함을 동시에 증언하는 공간이다.

다산의 생가 여유당

1. 수신의 뜻을 담은 다산의 생가, 여유당

사람은 자신이 머무는 공간에 자신의 뜻을 담고자 한다. 집의 이름, 즉 당호(堂號)는 때때로 그 집에 사는 주인의 마음가짐과 삶의 방향을 벼리는 선언이 되기도 한다. 특히 한평생을 학문과 고뇌 속에서 보낸 이에게 집은 휴식의 공간일 뿐만 아니라, 자신의 철학을 구현하는 마지막 장소이기도 했다. 다산 정약용 선생이 18년간의 기나긴 유배 생활을 마치고 고향 마재로 돌아왔을 때, 그는 자신이 여생을 보낼 사랑방에 여유당(與猶堂)이라는 현판을 손수 걸었다.

우리는 흔히 여유라고 하면 한가롭고 넉넉하며 편안한 삶의 상태를 떠올린다. 하지만 다산이 당호로 택한 여유는 그런 안락함과는 사뭇 결이 다르다. 이 이름은 다산이 유배 시절 깊이 탐독했던 노자(老子) 《도덕경》 15장의 한 구절에서 비롯되었다. 여(與)는 더불어 혹은 같다는 뜻을 지니고, 유(猶)는 본래 망설이고 주저하는 태도, 혹은 그런 태도를 지닌 특정 짐승을 가리키기도 했다. 다산이 주목한 구절은 이러하다.

> "망설임이여(猶兮), 겨울 냇가를 건너는 것이로다! 주저함이여(猶兮), 사방의 이웃을 두려워함이로다! (猶兮若冬涉川 猶兮若畏四鄰)"

이 구절이 그리는 모습은 참으로 아슬아슬하다. 살얼음이 얇게 낀 겨울의 냇물을 건너는 사람의 마음을 상상해 보라. 발을 한 걸음 내디딜 때마다 얼음이 꺼지지 않을까, 차가운 물의 깊이는 어떠할까를 극도로 신중하게 살피며 온몸의 감각을 곤두세우는 모습이다. 또한, 사방의 이웃을 두려워한다는 것은, 자신의 행동 하나하나가 주변에 어떤 영향을 미칠지, 혹여 타인에게 작은 민폐라도 끼치지는 않을지 항상 조심하고 경계하는 태도를 의미한다.

모든 것을 잃고 18년 만에 고향으로 돌아온 다산이 왜 하필 이토록 조심스럽고 망설이는 듯한 태도를 자신의 집 이름으로 삼았을까? 이는 험난한 세파를 겪고 난 후, 남은 생을 어떻게 살아가야 할지에 대한 성찰의 결과였다. 그는 안락한 휴식이나 세상과의 타협을 원했던 것이 아니라, 마지막 숨을 거두는 순간까지 스스로를 돌아보며 한 치의 흐트러짐 없이 신중하게 삶을 꾸려가겠다는 굳은 의지를 표현한 것이다.

이것이 바로 유학의 근본 덕목이자 모든 실천의 출발점인 수신(修身), 즉 자신을 닦는 태도이다. 우리가 생각하는 어른의 의미는 시대에 따라 변해왔다. 법적인 나이를 기준으로 책임을 부여받는 현대의 성년(成年)과는 달리, 전근대 사회에서 성인(聖人)이라 불린 인물들은 나이와 상관없이 그 인품으로 존경받았다. 성인은 자신의 행동에 온전히 책임을 질 줄 알고, 행동거지가 신중하며, 인품이 온화하면서도 스스로에게는 냉정하고 엄격한 사람, 즉 성리학에서 추구하는 이상적인 인간상을 구현하려 평생 애쓰는 존재였다.

다산은 여유당이라는 당호를 통해, 바로 그 성인의 길을 좇겠다는 공적인 선언을 한 셈이다. 그는 사람이기에 단점이 없을 수 없고 살면서 실수를 안 할 수가 없다는 사실을 누구보다 잘 알았다. 흠결이 없고 잘못을 저지르지 않는다면 그 것은 인간을 벗어난 존재일 것이다. 다산이 유(猶)의 태도를 견지하려 한 것은 완벽한 존재가 되기 위함이 아니었다. 그는 성인에 가까워지려 부단히 애쓰는 그 과정 자체에 주목했다. 스스로의 인품과 성격을 더 나은 방향으로 계속 다듬어 나가는 노력, 그것이야말로 인간이 할 수 있는 최선임을 알았던 것이다.

여유당 사랑채

여유당의 삶은 매 순간 깨어 있는 삶을 뜻한다. 우리가 하는 행동과 무심코 내뱉는 언어 습관은 한 사람의 인격과 성향을 드러낸다. 때로는 그 사람의 배움의 깊이를 엿보게도 한다. 흔히 배움의 수준이 높은 사람이 인격과 인품이 좋고 성숙함이 나이에 비례한다는 일반적인 통념이 있다. 하지만 다산이 주목한 것은 학식의 양이 아니라 실천하는 신중함이었다.

많이 배운 것과 바르게 사는 것은 때로 별개의 문제이다. 겨울 내를 건너는 마음가짐은 자신의 지식을 내세우기보다, 그 지식이 현실에서 어떻게 쓰이는지, 혹여 타인에게 해를 끼치지는 않는지를 먼저 살피는 태도이다. 사방의 이웃을 두려워하는 마음은 세상은 결코 홀로 살아나갈 수 없다는 깨달음에서 나온다. 나의 언행이 공동체 안에서 어떤 파장을 일으키는지 늘 경계하는 것이다.

따라서 여유당은 다산이 유배지에서 겪은 수많은 고난과 좌절을 딛고, 자신의 삶을 새롭게 정립하는 공간이 되었다. 18년의 유배는 그의 관직 생활을 끝냈을지 모르나, 그의 학문과 삶을 하나로 꿰뚫는 계기가 되었던 것이다. 그는 남은 생을 이 사랑방에서 보내며, 여유(與猶)라는 두 글자에 담긴 뜻, 즉 행동거지를 신중히 하며 항상 주변을 살펴 스스로를 돌아보는 삶을 실천하고자 했다. 이 집은 다산의 모든 학문적 여정이 시작되고 완성되는 근본적인 토대, 수신의 현장이었다. 다산은 이 집에서 자신의 삶을 통해 배움이란 어떻게 실천되어야 하는지를 보여주려 했다.

2. 배움을 삶으로 실천하다
수신(修身)과 실학(實學)의 연결

여유당이라는 당호가 그저 벽에 걸어둔 관념적인 다짐에 머물렀다면, 우리는 다산을 지금처럼 기억하지 못했을 것이다. 다산이 유(猶), 즉 겨울 내를 건너듯 신중하고 이웃을 두려워하듯 조심하는 태도로 평생을 살고자 한 것은, 그가 지닌 학문의 방향과 깊은 관련이 있다. 스스로를 엄격하게 닦는 수신(修身)의 자세는 필연적으로 어떻게 살 것인가 하는 실천의 문제로 이어지기 때문이다.

다산의 배움에 대한 태도를 이해하려면 그의 가풍(家風)을 살펴볼 필요가 있다. 다산의 아명(兒名), 즉 어릴 때 부르던 이름은 귀농(歸農)이었다. 이는 농사로 돌아간다는 뜻이다. 꽤 흥미로운 이름이다. 당대 사대부 가문에서 자식의 이름에 농사를 붙인 것은 흔한 일이 아니었기 때문이다. 이 이름에는 다산 가문이 배움을 어떻게 여겼는지 그 철학이 담겨 있다. 바로 배움을 농사짓는 일과 같이 여겨야 한다는 뜻이다.

농사와 배움. 이 둘은 언뜻 달라 보일 수 있으나, 가만히 들여다보면 닮은 구석이 많다. 우선, 농사와 배움 모두 사람이 사람답게 살기 위해 꼭 필요한 행위이다. 농사는 몸을 살리는 양식을 만들고, 배움은 삶의 길을 밝히는 양식을 만든다. 두 가지 모두 우리가 조금이라도 잘살기 위해 하는 행위인 것이다.

또한, 농사는 씨를 뿌리고 땀을 흘려 가꾸지 않으면 아무것도 거둘 수 없다. 책상에 앉아 농사짓는 법을 외우기만 해서는 쌀 한 톨 얻을 수 없다. 반드시 흙을 만지고 땀을 흘리는 실천이 따라야 한다. 배움 역시 마찬가지다. 배운 것을 삶에서 실천하고 적용하지 않으면, 그 배움은 공허한 지식에 머문다. 다산의 가문은 배움이란 책 속에 갇혀 있는 것이 아니라, 농사처럼 현실의 삶을 가꾸는 행위여야 함을 일깨워주려 했던 듯하다.

이러한 가풍 속에서 성장했기에 다산이 실학(實學)에 깊이 매료된 것은 어쩌면 당연한 수순이었을 것이다. 그는 배움이 현실의 삶을 개선하는 데 쓰여야 한다고 믿었다. 이것이 바로 실사구시(實事求是, 사실에 입각하여 진리를 탐구함)와 이용후생(利用厚生, 기구를 편리하게 쓰고 백성의 삶을 넉넉하게 함)으로 요약되는 다산 실학의 핵심이다. 그는 관념적인 이치만을 논하는 학문이 아니라, 백성의 먹고사는 문제를 해결하고 나라를 부강하게 만드는 실질적인 학문을 추구했다.

여기서 우리는 여유당에 담긴 수신과 그가 추구한 실학이 어떻게 하나로 합쳐지는지 알 수 있다. 수신이 내면을 닦는 일이라면, 실학은 그 닦은 마음을 바깥세상에 이롭게 쓰는 방법론이었다. 여유당에서 스스로를 경계하며(수신) 겨울 내를 건너듯 신중하게 연구한 것은, 결국 농사처럼 백성의 삶에 실질적인 도움이 되는(실학) 결과를 내기 위함이었다.

다산은 배운 것을 자신의 인생에 적용하여 성인에 가까워지고자 노력했다. 그에게 배움은 관직에 나아가기 위한 수단이나 지적 유희가 아니었다. 그것은 자신을 닦고(수신), 나아가 백성의 삶을 이롭게 하는(이용후생) 구체적인 실천 도구였다. 농부가 노력한 만큼 더 나은 수확을 기대할 수 있듯이, 배움과 실천 또한 노력 여하에 따라 그 결과를 바꿀 수 있는 저력을 지니고 있다.

다산은 여유당에서의 신중한 삶(수신)을 바탕으로, 귀농의 가풍에서 배운 실천적 태도(실학)를 끝까지 놓지 않았다. 그가 18년의 유배 기간 동안, 그리고 고향에 돌아와 여유당에서 보낸 말년 동안 수백 권의 저서를 남길 수 있었던 힘도 바로 이 실천하는 배움에 대한 확신에서 나왔을 것이다. 수신은 뼛속까지 유학자였던 다산의 기본 자세였으며, 실학은 그 자세를 현실에서 구현하는 방식이었다. 이 둘은 다산이라는 거대한 학문 세계를 지탱하는 두 개의 기둥이었다.

3. 수신에서 제가(齊家)로
   실패에서 배운 교훈

다산이 여유당에서 실천하고자 했던 수신, 그리고 귀농이라는 이름에서부터 이어진 실학 정신은 그 자신 한 사람을 닦는 데서 멈추지 않았다. 유학의 오랜 가르침인 수신제가 치국평천하(修身齊家 治國平天下)*라는 말처럼, 수신은 모든 일의 근본이지만 그것은 반드시 제가(齊家), 즉 집안을 바로잡는 일로 이어져야 했다. 자신을 닦는 과정에서 자연스럽게 그가 속한 가정 또한 바르게 이끌어지는 것이다.

다산이 유독 수신과 제가에 힘을 쓴 데에는 절실한 이유가 있

---

* 『예기(禮記)』 「대학(大學)」편에 제시된 8조목(격물·치지·성의·정심·수신·제가·치국·평천하) 중 후반 네 단계를 일컫는 관용구. 주희(朱熹)가 『대학장구(大學章句)』에서 유학의 핵심 체계로 정립한 이래, 조선 성리학 교육의 표준이 되었다. 이 구절은 도덕 수양(수신)이 가족 공동체의 규범화(제가)를 거쳐 국가 통치(치국)와 천하의 안정(평천하)으로 확장되는 연속적 정치와 윤리 도식이다. 조선 예학(禮學)은 이를 가계 운영, 재산 보존, 제사 계승 등 집안 단위의 행정을 규율하는 실천적 논거로 삼았다.

었다. 배움이란 현실에 쓰여야 한다는 그의 신념은, 책 속에서만 얻어진 것이 아니라 뼈아픈 현실의 관찰에서 비롯된 것이기도 했기 때문이다. 그에게는 당대 최고의 명문가 중 하나였던 외가, 해남 윤씨(海南 尹氏) 가문*이 있었다. 공재 윤두서와 같은 걸출한 인물을 배출한 명문이었으나, 다산이 지켜본 외가의 모습은 쇠락 그 자체였다.

그는 외가가 몰락한 이유를 냉철하게 분석했다. 한때의 명성에 기댄 채, 후손들이 마땅히 해야 할 수신과 제가에 실패했기 때문이라고 보았다. 배운 것을 삶에서 실천하지 않고, 가풍을 제대로 세우지 못한 결과, 가문은 힘을 잃고 후손들은 항상 어렵고 힘들게 사는 모습을 목도한 것이다. 아무리 뛰어난 조상을 두었어도, 현재를 사는 자신들이 스스로를 닦고 집안을 바로 세우지 못하면 모든 것이 무너질 수 있음을 생생하게 확인한 셈이다.

이러한 외가의 사례는 다산에게 강력한 교훈을 주었다. 수신과 제가는 한가한 선비의 도덕률이 아니라, 한 가문의 흥망성쇠를

---

* 조선 후기 남인계의 명망 높은 사족 가문으로, 17세기 말 공재 윤두서대에 정점을 이루었다. 그러나 18세기 중·후반, 중앙 정계로부터의 소외, 누적된 실질적 분재(分財)로 인한 재정 기반 약화, 분가(分家) 증가에 따른 가계 분열 등을 겪으며 쇠퇴하였다. 이는 가문 유지 비용(제향, 의례 등)을 감당할 경제력은 약화된 반면, 가법(家法)과 가풍(家風)을 강제할 규범 운영 능력마저 상실했음을 의미한다. 따라서 이 가문의 몰락은 집안을 다스리는 '제가(齊家)'의 실패로 해석할 수 있다.

결정짓는 절박한 현실의 문제임을 깨달았다. 배운 것을 실생활에서 실천하고 활용해야 하는 당위성은 더욱 커졌다.

이 지점에서 다산의 실학은 수신제가라는 유학의 기본 덕목과 만나 더욱 견고해진다. 그는 수신과 제가라는 유학의 기본이 실학이라는 실질적인 배움과 만났을 때 비로소 더 큰 힘을 발휘할 수 있음을 깨달았다. 즉, 자신을 닦고(수신) 집안을 바로 세우는(제가) 일이야말로, 구체적인 삶의 기술이자 실천적인 학문(실학)의 영역이어야 했다.

다산이 유배지에서 두 아들에게 끊임없이 편지를 보내 독서를 강조하고 삶의 태도를 가르친 것, 훗날 《목민심서》와 같은 위대한 저술을 통해 사회를 바로잡는 원리를 제시한 것 모두 이 제가의 연장선에 있다. 해남 윤씨 가문의 실패를 거울삼아, 그는 자신과 자신의 가문만큼은 배움을 실천하는 일에 소홀하지 않겠다고 다짐했을 것이다. 여유당에서 겨울 내를 건너듯 신중하게 스스로를 닦은 그 힘은, 가장 가까운 공동체인 가족을 바로 세우는 일로, 그리고 나아가 국가와 백성을 향한 더 큰 책임감으로 확장될 준비를 하고 있었다.

4. 완성된 실천 철학, 《목민심서》

스스로를 닦는 수신(修身)이 안으로 향하는 공부라면, 집안을 바로 세우는 제가(齊家)는 그 공부가 밖으로 드러나는 첫 번째 실천이다. 그리고 한 사람의 학문과 인격이 완성되는 길은 제가에서 멈추지 않고, 마땅히 치국(治國)과 평천하(平天下)로 나아가야 했다. 다산의 철학 또한 이 길을 충실히 따랐다. 여유당에서 가다듬은 수신의 마음과, 외가의 사례를 통해 절감한 제가의 중요성은, 마침내 백성을 이롭게 하고 나라를 바로 세우고자 하는 거대한 학문적 성과로 집약된다.

그 결정체가 바로 《목민심서(牧民心書)》이다.

다산은 정조의 갑작스러운 승하로 인해 그의 모든 정치적 이상을 펼쳐볼 기회를 잃었다. 반대 세력의 탄핵과 서학(西學)이라는 죄목은 그를 18년이라는 긴 유배의 세월로 밀어 넣었다. 표면적으로 그의 정치 생명은 끝난 것처럼 보였다. 하지만 다산에게 그 시간은 좌절의 시간인 동시에, 그의 학문이 가장 치열하게 현실과 만나는 시간이기도 했다.

그는 유배지에서 비로소 관직에 있을 때보다 더 깊고 아프게 백성들의 삶을 관찰할 수 있었다. 벼슬아치들의 수탈과 무능, 그로 인해 무너지는 백성들의 삶을 목격하면서, 그는 실학(實

學)의 필요성을 더욱 절감했다. 배움이란 고통받는 이들의 삶을 외면한 채 이뤄질 수 없다는 것을 뼈저리게 깨달은 것이다. 유배에서 풀려나 고향의 여유당으로 돌아온 다산은, 비록 다시 정계에 나아가 뜻을 펼칠 수는 없었지만, 붓을 들어 자신의 모든 경험과 학문을 쏟아붓기 시작했다. 그렇게 탄생한 《목민심서》는 최초의 행정지침서일 뿐만 아니라, 여유당의 수신 정신과 귀농의 실학 정신이 하나로 통섭(統攝)된, 다산 철학의 완결판이라 할 수 있다.

목민심서(牧民心書)

일반적으로 《목민심서》는 국가를 경영하는 위정자, 즉 목민관(牧民官)이 읽어야 할 참고서로 알려져 있다. 물론 맞는 말이다. 하지만 다산이 이 책을 저술하며 염두에 둔 것은 위정자들만이 아니었다. 그는 한 사람의 개인, 공동체의 구성원 모두를 향해 이야기하고 있다. 《목민심서》에는 실용적인 정책을 다루는 실학자로서의 면모도 담겨 있지만, 그 근간에는 수신을 강조하는 뼛속까지 유학자였던 다산의 모습이 자리하고 있다.

《목민심서》를 한 줄로 요약한다면, 그것은 바로 수신제가 치국평천하 그 자체이다. 다산은 백성을 다스리는 기술 이전에, 다스리는 자가 먼저 스스로를 닦아야 함(수신)을 역설했다. 이는 그가 평생을 견지한 여유당의 유(猶)의 자세, 즉 스스로를 경계하는 마음과 다르지 않다.

그가 《목민심서》를 저술한 이유는, 당시에 신분에 따라 주어진 역할을 온전히 해내는 데 부족한 부분이 많다고 느꼈기 때문일 것이다. 무엇보다 위정자는 위정자의 역할을, 백성은 백성의 역할을 온전히 해내야 하는데, 그러지 못했다. 위정자들이 백성을 사랑하는 마음(애민, 愛民)으로 국가를 경영하고 필요한 정책을 펼쳐야 하는데, 현실은 정반대였다.

이는 유학의 또 다른 덕목인 군군신신 부부자자(君君臣臣 父父子子), 즉 임금은 임금답고 신하는 신하답고 아비는 아비답고 아들은 아들다워야 한다는 가르침과도 연결된다. 세상에 태어난 모든 것은 각자의 역할과 이유가 있다. 이 역할이 제대로 이뤄지지 않을 때 사회는 혼란에 빠진다. 다산은 이 무너진 질서를 바로잡는 길을 수신에서 찾았고, 그 구체적인 실천 방안을 《목민심서》에 담아 후대에 전하고자 한 것이다.

물질문명은 시간에 따라 발전하지만, 사람의 도리나 공동체를 바르게 이끄는 원리는 쉽게 변하지 않는다. 다산의 저술이 오랜 시간이 지난 지금에도 여전히 울림을 주는 까닭은, 그가 제시한 수신과 애민의 원칙이 시대를 관통하는 본질이기 때문일 것이다. 결국, 여유당에서의 개인적인 수신은 《목민심서》라는 사회적인 실천 철학으로 완성되었다.

5. 여유당에 깃든 정신
　　오늘, 우리에게 필요한 수신의 자세

다산은 정계에 진출하여 활발하게 자신의 뜻을 펼치던 순간, 정조의 급작스러운 승하와 함께 모든 것을 잃었다. 18년의 유배 생활은 그를 정치의 중심에서 밀어냈고, 결국 생을 마감할 때까지 다시는 관직에 오르지 못했다. 하지만 그는 자신을 마지막까지 잃지 않았다. 고향으로 돌아와 여유당(與猶堂)이라 이름 붙인 그 공간에서, 그는 수신(修身)과 제가(齊家)를 하루도 게을리하지 않았다.

이는 어쩌면 자신의 전 생애를 통해 실학(實學)이란 무엇인지,

배움이란 어떻게 삶으로 증명되어야 하는지를 보여주려 했던 것은 아닌가 한다. 관직에 나아가 백성을 구제하는 것만이 치국(治國)이 아니라, 자신이 머무는 자리에서 스스로를 닦고(수신) 가정을 바로 세우며(제가) 쉼 없이 저술하여 후대에 바른 길을 전하는 것(평천하) 또한 그에 못지않은 실천임을 그는 알았던 것이다.

한 사람이 살았던 흔적이 남는 공간, 그가 마지막 숨을 거둔 그 여유당은 시간의 흐름을 이기지 못했다. 1925년, 유례없는 대홍수로 건물은 흔적도 없이 사라졌다. 다산의 육신이 그러했듯, 그가 머물던 집 또한 자연의 순리대로 무너진 것이다.

하지만 다산의 철학과 그가 남긴 저술들은 사라지지 않았다. 세월이 흘러 1986년, 많은 이의 뜻이 모여 여유당은 원래의 그 자리에 다시 세워졌다. 비록 60여 년이 지나 뒤늦게 복원된 것이지만, 이는 그만큼 다산의 업적이 후대에 사는 우리에게도 중요하고 가치 있음을 방증한다. 새로 지은 건물의 상량문(上樑文)에는 여유당을 복원한 이유와 건물의 내력, 그리고 다산의 일대기가 적혀있다. 이 복원은 그야말로 다산의 삶 속에 담긴 뜻을 잊지 않겠다는 후대의 다짐이다.

그렇다면 우리는 왜 이토록 다산의 정신을 기리고자 하는가? 시간이 흐르면서 물질문명은 급속도로 발전했지만, 과연 우리의 정신문명도 그만큼 성숙해졌는가 하고 묻는다면, 냉정하게 말해 그렇지 못하다고 답할 수밖에 없다. 혼란스러운 시대를 거치며 우리는 우리만의 속도와 방향으로 내면을 다질 기회를 충분히 갖지 못했을지도 모른다.

다산 선생의 《목민심서》가 지금 이 시대에도 여전히 수신제가 치국평천하의 길잡이가 될 수 있는 것은, 그것이 단지 오래된 고전이어서가 아니다. 그가 고민했던 문제의 근원이 지금 우리가 겪는 여러 사회 문제의 근원과 맞닿아 있기 때문이다.

현재 우리 사회에서 일어나는 여러 문제의 근원적인 원인을 파고 들어가 보면, 결국 배움이 현실의 쓰임으로 온전히 이어지지 못하고, 무엇보다 수신과 제가가 제대로 이뤄지지 않아 평천하가 되지 않는 현상과 마주하게 된다. 다산이 《목민심서》를 저술한 이유, 즉 신분에 따라 주어진 역할을 온전히 해내지 못하고 위정자가 애민하는 마음을 잃어버렸던 그 시대의 문제가 오늘날에도 다른 모습으로 반복되고 있는 것이다.

그러므로 여유당은 우리에게 역사적인 장소이자 소중한 문화유산이다. 하지만 우리가 그곳에서 진정으로 느껴야 할 것은 복원된 건물의 모습만이 아니다. 그 당호에 담긴 뜻, 겨울 내를 건너듯, 사방의 이웃을 두려워하듯 스스로를 경계하며 살고자 했던 한 인간이 견지한 삶의 태도이다.

어유딩이라는 이름에 담긴 뜻은 어느 시내를 막론하고, 한 사람이 그 사람의 인생 마지막 순간 이만하면 충분했다는 말을 할 수 있도록 도와주는 큰 의미를 담고 있다. 다산 선생이 삶이 다하는 그날까지 여유당 앞마당에서 끊임없이 수신과 제가를 게을리하지 않은 이유를, 지금 여기에서 곰곰이 생각해볼 필요가 있다.

다산의 산책 노트 ①
나의 여유당(與猶堂) 세우기

다산 정약용에게 여유당이 스스로를 경계하고 삶의 태도를 다스리는 공간이었듯 우리 또한 각자의 삶을 지탱할 마음의 기둥이 필요하다.
잠시 멈추어, 나만의 여유당을 세우는 시간을 가져보자.

내 삶을 위한 마음가짐

다산이 겨울 내를 건너듯 신중하게, 사방의 이웃을 두려워하듯 조심스럽게 살고자 다짐했듯,

나의 삶을 바르게 이끌기 위해 어떤 마음가짐과 덕목을 세우고 싶은지 구체적으로 적어보자.

나의 여유당에 담고 싶은 뜻은?

만약 나만의 여유당을 짓는다면, 그 이름에는 어떤 뜻을 담고 싶은가?

앞으로 살아가고자 하는 삶의 방향과 목표를 하나의 단어나 문장으로 표현해 보자.

다산의 산책로

능내역 폐역

여유당 앞마당

여유당 사랑채

정약용 묘역

여유당에 머물며 수신과 제가의 원칙을 다듬고, 마침내 그 모든 철학을 《목민심서》로 집대성한 다산. 그의 학문은 유배지에서 겪은 백성의 고통을 외면한 관념의 유희와는 거리가 멀었다. 그것은 자신의 삶으로 증명해야 할 실천의 도리였다. 《목민심서》의 완성은 그가 평생을 바친 실학이 백성을 향한 애민의 마음으로 귀결됨을 보여주었다.

그러나 이 방대한 사유의 체계는 그의 머릿속에만 머무를 수 없었다. 그것은 후대를 위해 보존되고 전달되어야 할 영속적인 기록이 되어야만 했다. 유배지에서 겪은 뼈아픈 시련은 그의 학문에 다른 무엇

다산 기념관　　실학박물관　　다산생태공원　　능내역 폐역

으로도 얻기 어려운 깊이를 더해주었다. 이제 고향으로 돌아온 그에게는, 자신의 삶 전체를 글로써 증명하고, 흩어진 사유를 꿰어 하나의 체계로 완성하며, 그 참혹했던 시련을 학문으로 바꾸어내는 마지막 일, 그 모든 깨달음과 방대한 구상을 물리적인 책의 형태로 엮어낼 공간이 필요했다.

다산은 그 모든 사유가 응축되고, 집대성되며, 마침내 결실로 완성된 현장, 자신의 모든 학문이 마무리된 여유당 사랑채(서재)로 향한다.

두 번째 산책로

여유당 사랑채
다산의 서재

> "이 책을 심서라 한 까닭은,
> 목민할 마음은 있으나 내 몸으로는 행할 수 없기 때문이다."
>
> 其謂之心書者何.
> 有牧民之心. 而不可以行於躬也.
> ―『목민심서』〈서〉

이곳은 그가 강진 유배지에서 돌아와 생의 마지막을 쏟아부은 공간이다. 이 작은 방에서, 그는 18년의 세월 동안 틈틈이 기록했던 원고와 자료들을 모두 펼쳐 놓는다. 그것은 흩어져 있던 배움과 사유의 결과물들이었다. 그는 이곳에서 그것들을 체계적으로 엮고 다듬어, 500여 권에 달하는 방대한 저작으로 집대성하는 대업을 시작한다. 이 지난한 편찬 작업은 유배의 시간을 다시 한번 견디는 것과도 같았다. 당대는 이미 그의 목소리를 외면했다. 그의 글쓰기는 철저히 미래 세대를 향한 것이었다. 그는 자신을 알아주지 않는 시대를 원망하는 대신, 붓을 들어 다음 시대를 위한 길을 닦았다. 〈목민심서〉, 〈경세유표〉, 〈흠흠신서〉를 비롯한 그의 저술들은 그가 겪은 좌절과 고뇌가 빚어낸 산물이다.

여유당의 사랑채는 절망이 빚어낸 마지막 성채이다. 한 인간의 고통이 어떻게 후대에까지 전해질 위대한 기록으로 승화될 수 있었는지, 이 공간은 그 모든 집념의 과정을 묵묵히 증명한다.

다산의 서재 여유당 사랑채

1. 여유당 사랑채, 시련이 빚어낸 결실의 공간

우리는 흔히 다산 선생의 학문적 완성을 이야기할 때, 그의 고향집인 여유당(與猶堂) 사랑채를 떠올린다. 그곳은 500여 권에 달하는 방대한 저술이 마무리되고 집대성된 공간이다. 하지만 우리가 그 장소에서 느끼는 묵직한 울림은, 그저 평안함 가운데 이룩된 성과에서만 비롯되지는 않을 것이다. 그곳에 깃든 학문의 깊이는 역설적이게도 선생이 무엇보다 원치 않았던 시간, 18년이라는 긴 유배 생활에서 비롯되었기 때문이다.

만일 다산 선생이 당시의 정치적 격랑에 휘말리지 않았다면, 어쩌면 그는 여유당에서 더 많은 시간을 보냈을지도 모른다. 조정에 남아 자신의 경륜을 펼치며 순탄한 관료의 삶을 살았을 수도 있겠다. 하지만 역사는 그에게 다른 길을 걷게 했다. 그는 모든 것을 박탈당한 채 머나먼 귀양지로 향해야 했다. 이는 한 개인에게 닥칠 수 있는 크나큰 시련이었다. 삶의 기반이 송두리째 흔들리고, 앞날을 기약할 수 없는 막막함이었을 것이다.

중요한 것은 그가 그 시간을 어떻게 보냈는가 하는 점이다. 그는 주저앉아 세월을 한탄하거나 세상을 원망하는 데 시간을 쓰지 않았다. 흔히 그런 상황에 처하면 좌절하거나 혹은 현실을 외면하기 쉽다. 하지만 다산 선생은 그 혹독한 시간을 자신을 새롭게 빚어내는 기회로 삼았다. 그는 시련을 이겨내는 한 가지 방법으로 학문과 저술을 택했다. 어쩌면 이는 방법이라기보다, 그가 삶을 영위하는 방식 그 자체였을지도 모른다.

그러한 태도 덕분에 다산 선생은 기나긴 유배 기간을 버틸 수 있었다. 그리고 그 시간은 버티는 데 그치지 않고, 쌓아가는 시간으로 채워졌다. 그는 자신과 자신을 둘러싼 모든 것을 깊이 살피는 공부를 이어갔다. 정계에 있을 때는 미처 돌아보지 못했던 백성의 삶, 무너진 제도의 구석구석을 파고들었다. 유배지에서 만난 사람들의 고통은 그의 학문이 나아가야 할 방향을 일깨워 주었다. 그는 붓을 들어 그 문제들을 기록하고, 해결책을 모색했다. 그 과정에서 수많은 책이 구상되고 쓰였다. 유배가 풀린 후 여유당으로 돌아와서도 그 저술 활동이 활발하게 이어져 500여 권의 대업을 남길 수 있었던 것은, 바로 그 유배지에서 다져진 학문의 힘 덕분이었다.

그의 공부는 세상의 이치를 깨닫고 자신을 단단하게 규정하는 과정이었다. 그는 제도와 동시에 내면을 향한 공부를 멈추지 않았다. 관직에 나아가 세상을 경영하고자 했던 젊은 날의 뜻이 꺾였을 때, 그는 좌절하는 대신 붓을 들었다. 벼슬길이 막힌 학자에게 공부란 무엇이었을까? 그 공부는 세상에 쓰이기 위함에 앞서, 스스로 존재하기 위한 것이었다. 그에게 독서와 글쓰기는 현실 도피와는 거리가 멀었다. 오히려 현실을 직시하고 그 안에서 자신이 할 수 있는 일을 찾는 행위였다. 그는 고통스러운 현실을 배움의 재료로 삼았다.

그는 유배지에서 두 아들에게 편지를 보내며 공부를 독려했다. 이것은 어떤 상황에서도 배움을 통해 삶의 중심을 잃지 말라는 아버지의 마음이었다. 다산 선생 스스로가 그것을 실천했다. 그는 독서를 하며 자신을 돌아보았고, 글을 쓰며 생각을 벼렸으며, 제자들을 가르치며 자신의 학문을 체계화했다. 이 꾸준한 배움의 일상이 그를 무너지지 않게 지탱해주었다.

결과적으로 다산의 유배 기간은 그를 더욱 큰 사람으로 만들었다. 시련은 그에게서 많은 것을 앗아갔지만, 동시에 무엇과도 바꿀 수 없는 깊이를 더해주었다. 그가 유배 기간에 구축한 자신만의 공부 방식과 습관은, 훗날 여유당 서재에서 그의 학문이 만개할 수 있도록 하는 굳건한 밑거름이 되었다.

세상의 많은 이들이 인생의 어려운 고비에서 책을 통해 길을 찾았음을 우리는 종종 듣게 된다. 책이라는 것은 결국 먼저 그 길을 걸어간 이들의 생각과 경험이 담긴 것이다. 필자 또한 현재 인생에 있어 전에 없던 인고의 시간을 보내고 있다. 이 시간을 버티며 견뎌내고 있는 힘 중에는 책의 힘이 자리하고 있다. 나 자신이 책을 쓰고 엮는 일을 통해 이 시간을 견뎌내고 있듯, 어둡고 긴 시간을 지나는 동안, 다산 선생이 그러했듯이 책을 읽고 글을 쓰는 과정은 그 자체로 힘이 되었다. 그것은 외부의 어려움으로부터 나를 지키는 울타리가 되었고, 동시에 내면의 중심을 잡도록 돕는 기둥이 되었다.

다산 선생이 겪었던 시련의 무게를 감히 짐작할 수는 없을 것이다. 하지만 그가 그 시간을 어떻게 대했는지는 그의 저술들이 증명하고 있다. 여유당의 서재는 다산이라는 한 인간이자 대학자가 자신에게 닥친 거대한 시련을 학문이라는 이름의 공부로써 정면으로 받아들이고, 마침내 그것을 자신의 삶으로 오롯이 피워낸 결실의 공간이다. 유배지의 고통스러운 시간들이 있었기에, 여유당 서재의 학문은 더욱 빛날 수 있었다. 다산이 유배가 풀린 후 돌아온 여유당은, 그가 떠나기 전의 여유당과는 다른 의미를 지니게 되었을 것이다. 시련을 통과하며 단단해진 한 인간의 삶이 그 공간을 채우고 있기 때문이다. 시련이 빚어낸 결실, 그것이 우리가 여유당 서재에서 발견하는 묵직한 가르침일 것이다.

2. 위기를 기회로 바꾼 힘, 지식경영

다산 선생이 18년의 유배 생활을 그저 견뎌낸 것이 아니라, 오히려 그 시간을 통해 500여 권에 달하는 방대한 저술을 남길 수 있었던 힘은 어디에서 나왔을까. 필자는 그 힘을 지식경영이라는 말로 부를 수 있다고 생각한다. 그가 행한 경영이란, 배운 것을 흩어지지 않게 관리하고, 엮어서 새로운 깨달음을 만들며, 그것을 쓸모 있게 다듬는 일련의 활동이었다.

선생의 지식경영은 크게 세 가지, 곧 독서(讀書), 저술(著述), 그리고 강학(講學)으로 이루어졌다. 이 세 가지는 따로 떨어진 활동이 아니라, 톱니바퀴처럼 맞물려 돌아가며 선생의 학문을 쌓아 올리는 기둥이 되었다.

가장 먼저 다산 선생이 지식경영을 위해 사용한 수단은 독서이다. 다산은 유배지에서 수많은 책을 읽었다. 하지만 그의 독서는 시간을 보내기 위한 읽기, 혹은 지식을 머릿속에 쌓아두기만 하는 읽기와는 거리가 멀었다. 그는 목적을 가지고 읽었다. 백성의 고통을 목격하며 그 원인을 경전과 역사서에서 찾았고, 낡은 제도를 고칠 방안을 옛글에서 구했다. 그는 책을 읽으며 끊임없이 질문을 던졌고, 현실의 문제와 연결 지었다.

이때 중요한 것이 바로 초서(抄書)다. 그는 책을 읽다가 중요한 구절을 만나면 반드시 가려 뽑아 기록했다. 그리고 그 기록을 자신만의 분류 체계에 따라 정리했다. 이것이 그의 지식경영의 핵심적인 기술이었다. 배움이란 읽고 깨닫는 데서 그치는 것이 아니라, 그 깨달음을 붙잡아 두어 언제든 다시 꺼내 쓸 수 있도록 관리하는 것까지 포함해야 했다. 이렇게 체계적으로 갈무리된 지식들은 훗날 그의 저술 활동에 풍부한 재료가 되었다. 필요한 견문을 즉시 찾아내고, 여러 서적의 내용을 비교하며 생각을 엮어낼 수 있었던 것은 모두 이 초서를 통한 관리의 공이었다.

학부생 시절 다산선생 지식경영법이라는 책을 인상 깊게 읽었던 기억이 난다. 훗날 기록 관리와 관련한 공부를 더하게 된 데에도 어쩌면 그 영향이 있었을지 모르겠다. 선생이 행한 초서야말로 배움을 기록으로 만들고, 그 기록을 관리하는 방식의 본질을 보여준다. 배움은 머리에만 머무는 것이 아니라, 손으로 기록하고 체계로 엮일 때 비로소 자신의 것이 된다.

공부의 다음은 저술이다. 다산에게 글쓰기는 배움의 완성이었다. 그는 읽고 생각한 것을 반드시 글로 썼다. 글을 쓰는 과정은 머릿속에 흩어져 있던 생각의 조각들을 하나로 꿰는 일이다. 그는 저술을 통해 자신의 견문을 체계화하고, 생각을 논리적으로 다듬었다. 500여 권의 저술은 유배라는 고통스러운 시간을 활용해 배움의 결과물을 끊임없이 도출해낸 산물이다. 그는 하루라도 붓을 놓지 않았다. 글을 씀으로써 그는 어제의 자신보다 조금 더 깊어진 오늘의 자신을 마주할 수 있었다.

그 후 마지막으로 강학이라는 단계가 이어진다. 다산은 유배지에서도 제자들을 받아들여 가르침을 베풀었다. 강학은 그에게 지식을 나누는 일이면서, 동시에 자신의 학문을 더욱 단단하게 다지는 일이었다. 제자들에게 가르치기 위해서는 자신이 먼저 완벽하게 이해해야 했다. 제자들의 질문에 답하고 토론하는 과정은, 혹시라도 있을 자신의 생각 속 빈틈을 메우고 논리를 더욱 정교하게 만드는 계기가 되었다. 가르침은 배움을 더욱 심화시켰고, 이 과정에서 얻은 새로운 깨달음은 다시 독서와 저술의 동력이 되었다.

이처럼 다산의 독서, 저술, 강학은 서로를 밀고 끌며 하나의 거대한 순환을 이루었다. 그는 이 배움의 방식을 유배 기간 내내 꾸준히 실천했다. 이것이 바로 그만의 공부 습관이었다. 그는 자신에게 닥친 시련을 통제할 수 없었지만, 그 시련의 시간을 어떻게 사용할 것인지는 스스로 결정했다. 그리고 그는 그 시간을 배움과 저술로 가득 채우는 길을 택했다.

지금 우리가 돌아보는 여유당 서재에는 다산이 500여 권에 달하는 책을 저술할 수 있었던 그만의 방식이 담겨 있었을 것이다. 비록 선생의 손때 묻은 서책들은 지금 남아있지 않아 그 실체를 모두 알 수는 없지만, 유배가 풀린 후 선생이 돌아와 학문을 집대성한 그 공간은, 시련을 학문으로 승화시킨 지식경영의 힘을 우리에게 묵묵히 보여준다. 다산이 구축한 이 공부의 체계, 즉 배움을 엮어 쓸모 있게 만드는 이 경영의 방식이야말로 그가 유배의 시간을 견디고, 위대한 학자로 우뚝 설 수 있게 한

원동력이었다.

3. 공부의 진정한 목적, 나 자신을 아는 것

다산 선생이 유배지에서 행한 지식경영은 그저 책을 쓰기 위한 기술이었을까? 그가 그토록 독서와 저술, 강학에 몰두했던 이유는 무엇일까. 그 모든 배움의 활동은 결국 하나의 목적, 바로 자기경영으로 향하고 있었다고 생각한다. 그리고 자기경영의 시작은 나 자신을 아는 것이다.

다산은 관직에 있을 때와는 다른 방식으로 자신을 깊이 들여다보는 시간을 가졌다. 비록 죄를 받아 멀리 귀양 온 처지였지만, 그는 그 시간을 자신을 제대로 이해하고 스스로를 돌보는 기회로 만들었다. 유배 시절에도 공부를 손에서 놓지 않은 까닭 중 하나가 여기에 있다. 한 개인이 공부를 하는 이유는 여러 가지가 있겠으나, 그 근본에는 나 자신을 바로 알고 스스로의 마음을 단단하게 하려는 목적이 자리해야 한다.

진짜 자신의 인생을 사는 사람은 타인보다는 자신에게 더욱 관심을 기울이며 자신을 가꾸는 데 힘쓴다. 스스로의 삶을 꾸려가는 데 바쁘기에 굳이 타인의 일에 왈가왈부할 필요를 느끼지 못한다. 더불어 타인과 비교를 하지 않기에 상대적인 패배감이나 열등감 같은 감정에 휩쓸릴 겨를이 없다. 이러한 사람이 곧 정신이 건강한 사람일 것이다. 한 개인의 정신과 마음이 흔들리지 않는 상태가 되었을 때, 비로소 삶의 시련 앞에서도 굳건히 설 수 있다.

역사 속에서도 그렇고 많은 사람이 험난한 인생을 헤쳐나가기 위해 참고하는 오랜 고전 중에 손자병법이 있다. 이 책은 본래 병법서이지만, 그 속에 담긴 이치는 삶에도 두루 통한다. 우리에게 잘 알려진 지피지기 백전불태(知彼知己 百戰不殆)라는 글귀가 있다. 상대를 알고 나를 알면 백 번 싸워도 위태롭지 않다는 뜻이다. 사람들은 흔히 지피(知彼), 즉 상대를 아는 것에 집중하곤 한다. 하지만 그보다 앞서는 것이 바로 지기(知己), 곧 나를 아는 것이다. 전쟁에서 이기기 위해서도 자신을 먼저 알아야 하듯, 한 번뿐인 인생을 제대로 살아내기 위해 필요한 것 역시 다른 무엇보다 나 자신을 아는 일이다.

다산이 행한 공부가 바로 그러했다. 그는 독서를 통해 옛 성현들의 지혜를 배우며 자신을 비추어 보았고, 글쓰기를 통해 자신의 생각을 정리하며 스스로의 부족함을 깨달았다. 제자들을 가르치는 일은 자신이 아는 것을 더욱 명료하게 만들어, 역으로 자신이 무엇을 알고 무엇을 모르는지 깨닫게 했다. 이 모든 지식경영의 활동은 그가 나 자신을 아는 깊이를 더해가는 과정이었다.

다산 선생의 여유당 서재는 바로 이와 같은 나를 아는 공부를 생각하게 하는 공간이다. 한 공간은 그곳에 머무는 사람의 특성과 성향을 고스란히 드러낸다. 다산이 진짜 인생을 살기 위한 공부 방법을 실천한 곳이며, 그렇게 쌓은 배움을 바탕으로 자신을 경영하고 나아가 세상을 향한 저술로 완성시킨 곳이다. 그곳에서 이루어진 수많은 저술 활동, 그리고 그 저술들을 대표하는 여유당전서는 다산의 생각과 철학이 오롯이 담긴 자기경영의 산물이라 할 수 있다.

결국 지식경영은 자기경영을 위한 도구이며, 그 핵심에는 나 자신을 아는 것이 있다. 배움이란 밖으로 지식을 쌓는 행위에 그치는 것이 아니라, 그 배움을 통해 안으로 자신을 단단하게 세우는 일이다. 다산은 유배라는 시련을 통해 바로 이 공부의 본질을 실천으로 보여주었다.

4. 쓸모 있는 공부는 어떻게 완성되는가

다산의 공부, 곧 그의 지식경영은 그를 아는 자기경영에서 그치지 않았다. 그의 학문은 언제나 쓸모를 향해 있었다는 것을 기억해야 하며. 우리는 그러한 다산의 학문을 실학(實學)이라 부른다. 실학이란 현실에 반영될 수 있는 학문, 백성의 삶에 보탬이 되는 배움을 뜻한다. 다산은 그러한 가풍 밑에서 성장했기에 어릴 때부터 배움이란 삶과 세상을 이롭게 하는 것이어야 함을 자연스레 체득했을 것이다.

그가 유배지에서 저술한 목민심서나 경세유표 같은 책들은 그가 현실의 문제를 외면하지 않고, 배움을 통해 그 해결책을 찾으려 고심했음을 보여준다. 그에게 공부란 책상 위에서만 머무는 공허한 말이 아니었다. 굶주린 백성을 구제하고, 부조리한 제도를 바로잡으며, 사람이 사람답게 살 수 있는 세상을 만들기 위한 구체적인 방안이었다. 배움은 자신을 닦는 일인 동시에, 세상의 아픔에 응답하는 일이었다.

그런데 우리가 학창 시절에 배우는 지식들은 어떠한가. 대학원을 졸업하고 사회생활을 하면서 느낀 것 중 하나는, 학교에서 배운 많은 내용이 실제 삶에서 별다른 쓸모를 찾기 어렵다는 점이었다. 교과서를 통해 배우는 지식들이 현실의 삶과 동떨어진 채 그저 시험을 위한 것으로만 남는 경우가 많았다. 물론 삶을 살아가는 데 필요한 지식들도 있었으나, 그런 배움들은 흔히 중요하다고 여겨지는 과목들의 그늘에 가려지기 일쑤였다. 더욱 안타까운 것은, 많은 아이가 공부를 어려워하고 싫어한다는 사실이다. 어른들은 아이들에게 그저 성공한 인생을 살기 위해서 공부를 해야 한다고 다그칠 뿐, 왜 공부를 해야 하는지 아이들의 눈높이에 맞게 설명해주지 못한다. 부모의 양육 방식이나 교육 방식에 따라 조금씩 다르기는 하겠지만, 많은 경우 자녀들에게 싫어도 공부를 해야 하는 이유를 제대로 납득시키지 못하고 있다.

사람은 어떤 행동을 하는 이유가 명백하거나, 스스로 그 행동의 당위성을 충분히 이해하고 받아들였을 때 비로소 움직인다. 공부를 싫어하는 아이들은 대부분 공부를 해야 하는 까닭을 알지 못한 채, 혹은 그 당위성을 받아들이지 못한 채 억지로 공부를 하고 있기 때문일 수 있다.

다산이 배움을 쓸모로 완성시키는 500여 권에 달하는 저술 활동을 할 수 있었던 이유도 여기에 있다. 그는 배움을 끊임없이 해야 하는 당위성을 일찍부터 이해하고 이를 받아들였다. 그에게 공부는 억지로 해야 하는 과업이 아니었다. 자신의 존재를 굳건히 정의하고, 나아가 어지러운 세상을 바로잡기 위해 반드시 해야만 하는 일이었다. 그 명확한 목적이 있었기에 그는 유배라는 극한의 시련 속에서도 붓을 놓지 않을 수 있었다.

또한 그는 자신에게 맞는 공부법을 꾸준히 찾았다. 사람마다 성향이 다르듯, 배움을 받아들이는 방식도 저마다 다를 수 있다. 하지만 우리의 교육 현실은 아이들의 성격이나 학습 성향에 걸맞은 공부 방법을 세심하게 알려주지 못하고 있다. 다산은 자신에게 가장 적절한 지식경영의 방식(초서, 저술, 강학)을 찾았고, 그것을 꾸준히 실천했다. 그 결과 시간이 흐를수록 그는 자신의 철학과 생각이 담긴 다양한 분야의 서적들을 자유자재로 저술할 수 있었다.

결국 쓸모 있는 공부란, 배움의 목적을 스스로 이해하는 데서 시작한다. 그리고 그 배움을 현실의 삶에 적용하려는 의지를 통해 완성된다. 다산의 실학은 한 사람이 세상에 태어나 주어진 현실에서 가능한 사람답게 살기를 바라는 마음에서 발전했다. 배움이 자신의 삶을 위한 쓸모가 되고, 더 나아가 많은 사람의 삶에 쓸모가 될 수 있게 할 때, 그 공부는 비로소 완성된다. 다산이 평생에 걸쳐 실천한 공부가 바로 그러한 공부였을 것이다.

5. 시련의 시간을 건너는 우리 시대의 서재

우리의 걸음은 다산이 말년을 보낸 여유당 서재에서 시작했다. 그 공간을 채우고 있는 것은 묵향이나 책의 무게에 더해, 한 인간이 시련을 받아들이고 그것을 학문으로 꽃피워낸 삶의 태도다. 여유당 서재는 진짜 공부가 무엇인지, 그리고 그 공부를 통해 자기경영을 이룬다는 것이 어떤 의미인지 우리에게 보여주는 상징과도 같은 곳이다.

다산이 보여준 공부의 방식—읽고, 쓰고, 가르치며 자신을 굳건히 구축하는 일—은 겪고 있는 어려움이 크고 작음을 떠나, 삶의 고비를 지나는 모든 이에게 깊은 울림을 준다. 그가 유배지에서 행한 지식경영은 흩어진 마음을 붙들어 매고, 고통의 시간을 배움의 시간으로 바꾸는 힘이 되었다.

필자 또한 앞서 고백했듯이, 삶의 어둡고 긴 시간을 지나고 있다. 이 글을 쓰고 엮는 과정은 다산 선생이 그러했듯이, 지금의 힘든 시간을 버티고 견디게 하는 힘이 되었다. 틈틈이 책을 읽고, 나름의 방식으로 마음을 다스리며 이 시간을 어떻게든 극복하고 스스로 성장하는 기회로 만들려 애썼다.

다산에게 여유당 서재와 유배지의 서책들이 시련을 이겨내는 버팀목이자 성장의 발판이었다면, 지금 시대를 살아가는 이들에게는 각자 자신만의 서재가 필요할 것이다. 그것은 책이 가득한 물리적인 방을 가리키는 말에 그치지 않는다. 어떤 이에게는 그것이 책 읽기일 수 있고, 어떤 이에게는 글쓰기일 수 있다. 또 누군가에게는 붓을 들거나, 흙을 만지거나, 혹은 묵묵히 자신만의 배움을 이어가는 그 시간 자체일 수도 있다.

중요한 것은 그 형태가 아니다. 그 행위를 통해 자신을 돌아보고 내면의 중심을 잡는 일이다. 다산이 지식경영을 통해 자기경영을 이루었듯이, 우리도 각자의 방식으로 자신을 세우는 공부가 필요하다.

다산의 여유당 서재를 관통하는 단어는 바로 경영이다. 개인이든 가정이든, 사람은 인생을 살면서 스스로를 경영해야 함과 더불어, 경영해야 할 것들이 가득한 세상에 살고 있다. 그리고 경영을 잘하기 위해서는 앎이 필요하다. 다산의 삶이 이를 증명한다. 이제 우리의 삶에 주어진 경영들을 잘해내기 위해, 나에게 필요한 배움과 능력은 무엇인지 생각해 볼 차례다. 이 산책의 첫 장소인 여유당에서 우리는 삶의 방향을 고민해 보았다. 여유당 서재에서 우리가 함께 나눈 지혜를 바탕으로, 그것을 실천할 수 있는 일은 무엇이 있을지 곰곰이 생각해보자. 나의 삶을 단단하게 만들어줄 진짜 공부는 무엇인지, 스스로에게 물음을 던져보자.

다산의 산책 노트 ②
자기경영을 실천하기

다산 정약용에게 여유당 사랑채가 시련을 학문으로 승화시키고 자신을 경영하는 공간이었듯 우리 또한 각자의 삶을 지탱할 자신만의 공부가 필요하다. 잠시 멈추어, 나를 경영할 진짜 공부를 생각하는 시간을 가져보자.

 나 자신의 지식경영과 자기경영

다산의 자기경영은 곧 삶 속의 실천이다. 여유당 서재에서 알게 된 지혜를 활용하여 실천할 수 있는 사항에 무엇이 있는지 곰곰이 생각한 후에 적어보자.

나를 빛나게 할 수 있는 진짜 공부는?

삶을 경영하기 위한 나만의 배움이 필요하다. 그렇다면 내 인생에 주어진 경영들을 잘해내기 위해 내가 갖춰야 할 지식들과 능력에 무엇이 있는지 적어보자.

다산의 산책로

능내역 폐역   여유당 앞마당   여유당 사랑채   정약용 묘역

여유당 사랑채(서재)에서 다산은 독서와 저술, 그리고 강학이라는 자신만의 방식으로 시련의 시간을 학문으로 바꾸어낸다. 그의 공부는 자신을 아는 것에서 시작해, 백성의 삶에 보탬이 되는 쓸모 있는 배움(실학)으로 나아갔다. 이 서재는 그의 모든 사유가 집대성된 '결실의 공간'이었다.

이제, 자신의 모든 업(業)을 글로 쏟아부은 다산은 그 '삶' 자체를 돌아본다.

평생을 바쳐 이룬 이 모든 학문과, 그 고통의 시간을 견뎌낸 생애의 의미는 과연 무엇이었을까. 한 인간으로서 자신의 생을 어떻게 매듭지어야 하는지에

다산 기념관   실학박물관   다산생태공원   능내역 폐역

대한 깊은 고뇌가 시작된 것이다.
다산은 회갑을 맞이하며, 타인의 평가가 아닌 자신의 목소리로 삶을 기록하고자 한다. 그는 자신이 태어난 집을 한눈에 내려다볼 수 있는, 그의 시작과 끝이 만나는 언덕. 자신의 삶을 스스로 매듭짓는 '자찬묘지명(自撰墓誌銘)'의 의미를 새길 다산 정약용 묘역으로 향한다.

세 번째 산책로

다산 정약용 묘역

생을 마무리하기 직전에

> "군자의 배움은 자기 닦음이 반이요,
> 그 반은 백성을 돌봄(목민)이다."
>
> 君子之學. 修身爲半. 其半牧民也.
> ―『목민심서』〈서〉

그는 자신이 태어난 집, 여유당을 조용히 내려다보는 언덕에 잠들어 있다. 이곳은 그의 삶이 시작된 곳과 마침내 멈춘 곳이 함께하는 자리이다. 한평생의 풍파를 겪고 난 뒤, 그는 마침내 자신이 태어난 뿌리로 돌아와 영원한 안식을 찾았다.

사람들은 흔히 그의 삶을 두고 좌절과 정치의 실패를 이야기한다. 하지만 이 언덕은 그 모든 세속의 평가를 뒤로하고, 한 인간의 삶이 어떻게 완성되는지를 묵묵히 보여준다. 그는 고향에 돌아온 마지막 18년 동안, 유배지에서 겪었던 고통과 흩어져 있던 깨달음의 구슬들을 하나하나 꿰어내는 일에 몰두했다.

그렇게 꿰어낸 구슬들은 마침내 500여 권의 저술이라는 값진 보배가 되었다. 좌절로만 끝날 수 있었던 삶이, 이 마지막 18년의 정리와 기록을 통해 하나의 거대한 저작으로 마무리된 것이다. 태어난 곳으로 돌아와 찍은 삶의 마침표는 묵직하다. 이 언덕은 세상이 말하는 성공과는 다른, 한 인간이 자신의 생을 끝까지 붙들고 완성해 나간다는 것의 의미를 깊이 생각하게 만든다.

다산 정약용 선생 묘

1. 삶의 마침표를 스스로 기록하다

삶의 하루하루가 쌓여 한 사람의 일생이 된다. 누구나 태어난 순간부터 이미 정해진 끝을 향해 쉼 없이 걸어간다. 이것은 그 누구에게도 예외 없는 길이다. 하지만 많은 이들이 자신의 삶이 한창 펼쳐지는 동안에는 그 과정에 골몰하면서도, 정작 그 삶의 마지막 순간에 대해서는 애써 고개를 돌리곤 한다. 옛사람들의 삶을 들여다보면, 신분에 따른 삶의 모습과 격차는 있었을지언정 대체로 자신의 마지막을 준비하는 과정을 삶의 엄연한 일부로 받아들였다. 특히 조선시대의 사람들은 그러한 준비를 통해 자신의 생을 스스로 매듭짓는 의미를 찾고자 했다. 언제부터였을까. 우리는 죽음을 삶과 분리된, 멀고 두려운 대상으로만 여기게 되었다. 세상을 깊이 있게 바라보는 마음의 여유가 사라진 탓도 있겠으나, 무엇보다 눈앞의 생을 꾸려나가기에 여념이 없어 그 끝을 돌아볼 겨를을 잃어버렸기 때문일 것이다.

한 사람이 세상을 떠나면, 남은 이들은 그를 기억하고 애도하는 절차를 밟는다. 한반도에 세워졌던 여러 나라들은 대부분 매장(埋葬)을 통해 고인을 모시는 장례 풍습을 지니고 있었다. 우리가 박물관의 고요한 전시실에서 만나는 여러 껴묻거리(부장품)들은 바로 그 무덤 속에 고인과 함께 묻혔던 물건들이다. 그것들은 무덤 주인의 신분이나 생전의 생활을 짐작하게 하는 소중한 물증이 된다.

그런데 무덤 속에는 이런 물건들 외에, 어쩌면 그보다 더 중요한 것을 함께 묻는 풍습이 존재했다. 바로 묘지명(墓誌銘)이다. 묘지명은 흙으로 빚어 굽거나 돌을 정성껏 다듬어 만든 판에 글을 새겨, 무덤 주인이 어떤 사람이었는지를 기록한 일종의 공식적인 문서다. 이것은 후대에 혹시라도 무덤이 주인을 잃거나 잊힐 경우를 대비하는 기능도 했지만, 그보다는 한 사람의 생을 공식적으로 증언하고 기리는 목적이 컸다.

이 묘지명의 글은 과연 누가 썼을까. 대체로 무덤 주인과 가까웠던 가족이나 제자가 고인의 행적을 정성껏 기록했다.

때로는 왕이 공을 세운 신하의 죽음을 애도하며 직접 글을 내리기도 했고, 당대의 글 잘하는 뛰어난 문장가에게 부탁하여 고인의 삶을 더욱 빛내고자 했다.

고대 한반도 국가의 무덤에서는 묘지명이 발견되는 경우도 있고 그렇지 않은 경우도 있지만, 한반도의 중세라 할 수 있는 고려시대를 거치면서는 신분이 있는 이들의 무덤에 묘지명을 함께 묻는 풍습이 보편화되었다. 물론 고인의 신분에 따라 묘지명의 재질이나 크기에는 차이가 있었다. 하지만 그 안에 담긴 내용은 대부분 비슷했다. 무덤의 주인이 언제 태어나 어떤 가문에서 자랐으며, 어떤 관직을 지냈고 어떤 업적을 남겼는지를 서술하는 것이 그 중심이었다.

이처럼 묘지명은 본질적으로 타인이 써주는 기록이었다. 남은 이들이 고인을 평가하고, 그의 공적인 생을 요약하여 후세에 길이 전하고자 하는 글이었다. 여기에는 당연히 좋은 이야기, 기릴 만한 업적들이 주로 담길 수밖에 없었.

수많은 묘지명들이 그렇게 역사의 한편에 고이 묻혔다. 그런데 여기, 오랜 세월이 흘러 지금을 살아가는 우리의 마음을 유독 무겁게, 그리고 깊게 울리는 하나의 묘지명이 있다. 그것은 바로 다산(茶山) 정약용 선생의 자찬묘지명(自撰墓誌銘)이다.

그 이름 자체에 모든 특별함이 담겨 있다. 스스로(自) 지은 (撰) 묘지명. 타인의 평가가 아닌, 자기 자신이 직접 자신의 삶을 남김없이 돌아보며 쓴 마지막 기록인 것이다.

다산은 회갑(回甲)을 맞이하던 해에 이 글을 썼다. 60년, 천간(天干)과 지지(地支)가 한 바퀴 돌아 자신이 태어난 해로 다시 돌아온다는 그 상징적인 나이에, 그는 자신의 삶을 스스로의 손으로 정리하고 매듭짓기로 결심했다.

그는 이 묘지명을 두 가지 판본(版本)으로 남겼다. 하나는 집중본(集中本)으로, 훗날 간행될 자신의 문집(文集)에 실어 세상의 독자들에게 읽히기 위한 글이었다. 다른 하나는 광중본(壙中本)으로, 실제 자신의 관(棺)과 함께 무덤 속(壙)에 영원히 묻히기 위한 글이었다. 하나는 세상을 향한 글이었고, 다른 하나는 오롯이 땅속으로 가져가는 글이었던 셈이다.

이 스스로 쓴 묘지명에는 다산의 간절한 염원(念願)이 담겨 있다. 여기에는 자신이 생각하기에 억울하게 형벌을 받았던 사건들의 진상, 그리고 힘을 가진 승자(勝者)의 기록으로 남는 관찬(官撰) 기록에 의해 왜곡될 수 있는 자신의 삶에 대한 진실의 목소리가 담겨 있다. 그리고 무엇보다, 그는 이 글을 통해 60년 자신의 삶을 돌아보며 스스로를 반성하고 있다.

한 시대를 풍미했던 대학자가 자신의 마지막을 준비하며 써 내려간 글. 타인이 써주는 빛나는 업적의 나열이 아닌, 자기 자신이 직접 고백하는 삶의 회고록이자 통렬한 반성문. 다산의 자찬묘지명은 그렇기에 시대를 건너 우리에게 이토록 특별한 무게로 다가온다. 그가 이 글을 통해 우리에게 남기고자 했던 것은 과연 무엇이었을까.

2. 사람은 떠나도, 글은 남는다

한 사람의 뜻과 생각은 글로서 전해진다. 다산이 회갑에 이르러 굳이 자신의 묘지명을 스스로 쓴 데에는 여러 까닭이 있었다. 그 첫 번째 이유는 진실의 기록에 대한 염원이었다.

다산은 자찬묘지명에 자신이 겪었던 억울한 일들, 특히 신유사옥과 같은 거대한 사건에 휘말리며 형벌을 받게 된 진상을 기록했다. 그는 힘을 가진 승자(勝者)에 의해 쓰이는 관찬(官撰) 기록이 어떻게 사실을 왜곡하고 한 사람의 생을 재단하는지 잘 알고 있었다. 자신의 삶이 그렇게 타인의 손에 의해 규정되고 잊히는 것을 경계했다. 그래서 그는 스스로 펜을 들어, 자신이 겪은 삶의 진실을 자신의 목소리로 남기고자 했다.

이렇게 글로 남긴다는 것의 무게에 대해서는 필자에게도 개인적으로 느끼는 바가 있다. 학예직에 입문하여 국립중앙박물관에서 근무할 때의 일이다. 고려실을 둘러볼 때마다 마음 한구석이 늘 섭섭했다. 고려 말 성리학을 설명하는 부분에서, 필자의 중시조(中始祖)가 되시는 이재(彛齋) 백이정(白頤正) 선생에 대한 언급이 따로 보이지 않았기 때문이다.

필자는 어린 시절부터 역사와 문화유산에 관심이 많아 일찍부터 가문에 얽힌 여러 이야기를 듣고 자랐다. 그 과정에서 중시조인 백이정 선생이 안향(安珦) 선생과 함께 고려에 성리학을 들여오고 발전시킨 중요한 인물임을 알게 되었다. 그런데 왜 중고등학교 역사 교과서는 물론이고 박물관에서조차 그 이름이 잘 보이지 않는지 늘 궁금했다.

시간이 흘러 학예직 경력을 쌓아가던 어느 날, 아버지께서 그 까닭을 말씀해 주셨다. 백이정 선생께서 당대에 남긴 글이 많지 않아, 후대의 연구자들이 그분의 사상과 행적을 깊이 연구하고 조명하기에 어려움이 있다는 것이었다. 아무리 뛰어난 뜻과 학문을 지녔다 해도, 그것을 글로 남겨두지 않으면 후대에 온전히 전해지기 어렵다는 사실을 그때 깨닫게 되었다. 사람은 뭐가 됐든 책 한 권 정도는 출간하여 생전에 자신의 생각을 조금이라도 남길 필요가 있다는 것을 절감했다.

그래서일까. 필명으로나마 2025년 6월 초순에 단행본을 한 권 출간했다. 책을 한 권 펴내고 나니 글쓰기에 대한 자신감이 조금 붙었고, 무엇보다 책을 통해 전하고 싶은 여러 생각들이 전보다 더욱 샘솟는 것을 느꼈다.

아마 다산 선생은 이 사실을 누구보다 잘 알고 있었을 것이다. 그는 정조(正祖)의 급작스러운 승하로 인해 자신이 펼치고자 했던 수많은 경륜을 다 펼칠 수 없었다. 정조 사후, 다산을 필요로 하는 군주를 다시 만나지 못했기에 그가 세상에 펼치고자 했던 뜻은 다산 개인에게 머물고 말았다.

다산은 기나긴 유배 생활을 하면서, 더 이상 자신의 뜻을 조정에서 펼치게 해줄 군주를 만나기 어렵다는 것을 알았을 것이다. 그는 좌절하는 대신, 끊임없는 공부와 지식경영을 통해 자신의 모든 사상과 철학을 수많은 저서로 쏟아냈다.

바로 이 지점에서 자찬묘지명 광중본(壙中本)에 나오는 사람은 떠나도 그가 닦은 도(道)는 남는다는 구절이 마음에 와닿는다. 이 구절은 평생을 바쳐 자신의 뜻을 글로 남긴 다산이기에 할 수 있는 선언이었다.

다산이 그의 생애 후반기에 자신의 호(號)를 사암(俟菴)으로 정한 것도 같은 맥락이다. 사(俟)는 기다린다는 뜻이다. 즉, 기다리는 자의 작은 집이라는 의미다. 그는 글로써 세상에 미처 펼치지 못한 자신의 뜻을 남기고 가니, 후대에 누군가 자신의 글을 알아보고 그 뜻을 세상에 널리 알려주기를 기다린다는 마음을 호에 담았다.

다산의 바람은 수백 년이 지난 지금 비로소 이루어진 것이 아닐까. 그가 저술한 500여 권의 방대한 책들이 현재까지 고스란히 전해진다. 다산학(茶山學)이라는 하나의 학문 분야가 성립되었고, 그의 생각과 철학이 지금 시대에도 여전히 유효하게 적용되는 것을 보면, 시대를 한참 앞서갔던 인물임을 다시금 깨닫게 된다.

결과적으로 다산이 글을 쓰며 노린 전략은 정확하게 적중했다. 그는 비록 당대엔 자신의 뜻을 전부 펼칠 수 없었지만, 글로서 뜻을 남겨 후대에 전함으로써 뒤늦게라도 자신의 이름과 학문을 널리 퍼뜨릴 수 있었다. 글로 남긴 삶의 힘은 이렇듯 시대를 뛰어넘는다. 다산의 자찬묘지명은 바로 그 힘을 웅변하고 있다.

3. 스스로를 돌아보는 거울

다산이 회갑에 자찬묘지명을 쓴 데에는 또 하나의 중요한 이유가 있었다. 그것은 자신의 업적과 진실을 기록하는 데 머물지 않고, 자신의 60년 생을 스스로 반성하고 매듭짓고자 하는 의지였다. 자찬묘지명은 다산 자신의 회고록인 동시에, 스스로에게 바치는 통렬한 반성문이기도 했다.

그는 이 묘지명, 특히 무덤에 함께 묻을 광중본(壙中本)이 후손들에게 함부로 공개되는 것을 원치 않았던 듯하다. 그래서 묘지명을 보관하는 함의 표지에 열수비본(洌水秘本)이라는 네 글자를 붙이도록 했다. 열수(洌水)는 지금의 한강으로, 다산의 고향인 마재(현재의 남양주시 조안면) 앞을 흐르는 강이다. 즉, 열수에서 비밀리에 보관하는 책이라는 뜻이다.

자신의 일생을 담은 글을 왜 비공개로 보관하라고 했을까. 여러 이유가 있겠지만, 가장 큰 까닭은 아마도 그 내용이 지극히 사적인 반성을 담고 있었기 때문일 것이다. 회갑을 맞아 지난 삶을 돌아보며 자신의 잘못을 인정하고, 남은 생이나마 새로운 사람으로 다시 시작하고 싶다는 깊은 내면의 고백을 담았기에, 이를 세상에 드러내 보이고 싶지 않았을 것이다.

이러한 다산의 태도는 그의 묘역에 남아있는 또 하나의 흔적과 그 뜻이 통한다. 다산의 묘역에는 묘지명과 더불어 널리 알려진 글귀가 새겨진 표지석이 있다.

오일삼성오신(吾日三省吾身).

이는 《논어(論語)》에 나오는 말로, "나는 날마다 여러 가지로 내 자신을 살핀다"는 뜻이다. 원래는 증자(曾子)가 스승 공자의 가르침을 실천하며 남을 위해 일을 도모함에 진심을 다했는가, 벗과 사귐에 신의를 지켰는가, 배운 것을 제대로 익혔는가 하는 세 가지를 돌아본다는 의미였다. 하지만 그 본질은 하루에도 여러 번 자신을 되돌아보고 혹여 잘못한 점은 없는지, 개선할 점은 없는지 생각해야 한다는, 스스로를 살피는 태도에 대한 가르침이다.

사람이기에 누구나 실수도 하고 잘못도 저지른다. 하지만 같은 잘못을 자주 반복하는 것은 그것을 바로잡겠다는 의지가 약한 것이다. 고치지 못한 잘못은 결국 한 사람의 단점으로 굳어진다. 이를 뒤집어 생각하면, 우리가 가진 단점의 대부분은 노력을 통해 개선할 여지가 있다는 뜻이기도 하다. 사람이기에 단점을 완전히 없앨 수는 없겠지만, 그 수를 줄이고 조금이라도 나은 사람으로 거듭나고자 애쓸 수는 있다.

그리고 한 개인의 단점을 고치는 일에는 빠르고 느린 것이 따로 없다. 다산 또한 자신의 회갑에 이르러서야 지난날의 잘못을 통렬히 반성하며 그 기록을 자찬묘지명에 남기지 않았는가. 물론, 단점을 고치는 것에 빠르고 느린 것은 없다고 하지만, 가만히 생각해보면 애초에 단점을 만들지 않으려 노력하는 것이 이미 생긴 단점을 없애려 애쓰는 것보다 더 나은 길임은 분명하다. 앞서 언급한 오일삼성오신의 글귀는, 매일 자신을 살피는 자세를 통해 가능한 한 잘못된 길로 빠지지 않고 단점을 만들지 않는 방향으로 삶을 꾸려갈 수 있는 지혜를 담고 있다.

유학자(儒學者)이기도 한 다산은 이러한 가르침의 의미를 일찍부터 알고 있었을 것이다. 더불어 그는 18년간의 기나긴 유배생활을 통해 홀로 있는 시간의 대부분을 자신을 살피고 생각을 가다듬는 데 썼다. 그리고 그 성찰의 시간 속에서, 세상에 펼치지 못한 자신의 뜻을 글로 남기는 작업을 꾸준히 해나갔다.

유배형이 풀린 후 고향으로 돌아와서도, 그는 여생을 보내는 동안 자신을 돌아보는 일과 글을 쓰는 작업을 결코 게을리하지 않았다. 자찬묘지명은 바로 그 모든 성찰의 시간을 집대성한 결정판인 것이다. 그는 이 글을 통해 지난 삶의 허물을 고백하고, 남은 시간이 얼마든 새로운 사람으로 살다 생을 마감하고 싶다는 뜻을 스스로에게 다짐했다.

4. 기적을 만든 힘, 꾸준함

다산의 자찬묘지명과 그가 말년에 즐겨 사용했던 호 사암(俟菴)에서, 우리는 후대에까지 자신의 뜻이 전해지기를 바랐던 그의 간절한 염원을 읽을 수 있다. 또한 열수비본(洌水秘本)이라는 당부와 오일삼성오신(吾日三省吾身)의 가르침을 통해, 매 순간 자신을 돌아보려 했던 그의 엄격한 태도를 엿볼 수 있다.
그렇다면, 다산은 어떻게 그 염원과 성찰을 실현할 수 있었을까?
뜻을 세우고 자신을 돌아보는 일은 누구나 할 수 있다. 하지만 그것을 평생에 걸쳐 지속하고, 심지어 눈에 보이는 거대한 결과물로 남기는 것은 전혀 다른 차원의 이야기다. 다산은 18년간의 끔찍한 유배 생활과 그 이후 고향에 돌아와 여생을 보내는 시간 동안, 자신의 뜻이 담긴 저서들을 단 하루도 쉬지 않고 꾸준히 써내려갔다.

그 결과물이 바로 우리가 아는 500여 권의 방대한 저술이다. 이는 한 개인이, 특히나 절망적인 유배지에서 이룩했다고는 믿기 어려운 엄청난 양이다. 이것은 기적이라고밖에 부를 수 없는 일이다.

여기서 우리는 한 가지 중요한 사실을 발견한다. 이 세상에 꾸준함을 이길 수 있는 것은 없다.

다산이 남긴 500여 권의 책들은 그의 빛나는 지혜의 산물이기도 하지만, 그 이전에 꾸준함과 그 꾸준함을 끝까지 밀고 나간 끈기가 함께 빚어낸 결정체다. 낯선 유배지에서, 희망이 보이지 않는 내일 앞에서도 그는 붓을 놓지 않았다. 하루에 단 몇 줄을 쓰더라도, 그것을 18년 동안 쌓아 올린 힘이 500권이라는 기적을 만들어낸 것이다.

이 꾸준함과 끈기라는 덕목은 그저 묵묵히 버티는 태도만을 의미하지 않는다. 그것은 성실성과 책임감을 나타내는 지표이기도 하다. 자신에게 주어진 생을 함부로 포기하지 않겠다는 책임감, 그리고 하루하루를 헛되이 보내지 않겠다는 성실성 말이다. 이러한 덕목들은 한 사람의 삶을 지탱하는 가장 튼튼한 기둥이 된다.

자찬묘지명 역시 마찬가지다. 60세 회갑을 맞아 써 내려간 그 반성문은, 그날 하루의 결심으로 나온 글이 아니다. 유배 시절부터 고향 집에 돌아와 생을 마감할 때까지, 매일 자신을 돌아보며 기록했던 꾸준한 성찰이 쌓이고 쌓여 응축된 결과물이다. 다산이 가진 꾸준함과 끈기, 성실성과 책임감은 그가 학문을 하는 데에도, 글을 쓰는 데에도, 그리고 무엇보다 자기 자신을 닦는 수신(修身)을 하는 데에도 고스란히 발현되었다. 그리고 이와 같은 덕목들이 있었기에, 그는 자신의 뜻을 시대를 뛰어넘어 현재까지 전승시킬 수 있었다.

결국 앞서 말한 다산의 기록과 성찰을 가능하게 한 뿌리이자, 그 모든 것을 기적의 경지로 끌어올린 힘은 바로 꾸준함이었다. 그는 가장 어둡고 힘든 시간 속에서, 가장 단순하고도 위대한 진리를 몸소 실천하며 자신의 삶을 증명해 보였다.

5. 꾸준함이 조롱받는 시대에게

하지만 사람의 삶에서 꼭 필요한 덕목인 꾸준함과 끈기, 성실성과 책임감은, 지금 우리가 발 딛고 선 사회에서는 때때로 조롱의 대상이 되기도 한다. 특히 교육 현장에서 그러한 안타까운 모습이 보인다고 한다. 조롱의 대상이 되는 것은 다름 아닌 꾸준함의 상징이라 할 수 있는 출석이다.

필자가 학교를 다닐 때만 해도, 체험학습에 대한 출석 인정 제도가 있기는 했지만, 꾸준히 학교에 나와 개근상(皆勤賞)을 받는 일을 부끄러워하거나 조롱하지 않았다. 오히려 몸이 아파 어쩔 수 없이 결석하게 되어 개근상을 받지 못한 것을 아쉬워하는 친구들이 더 많았다.

그런데 언제부터인지 모르게, 이 개근상을 받는 아이들을 또래 친구들이 조롱하는 현상이 일어나고 있다고 한다. 왜 이런 일이 벌어지는 것일까. 그 까닭을 들어보면, 어느 순간부터 학교에 체험학습 계획서 등을 내고 일정 기간 해외여행을 위해 학교에 나오지 않는 아이들이 많아졌기 때문이다. 비록 출석으로 인정이 되지 않더라도, 해외여행을 위해 아이들이 학교를 며칠 결석하는 것을 부모들이 그리 크게 생각하지 않는 분위기가 생겨났다.

그래서 아이들이 보기에, 학교를 꼬박꼬박 개근하는 아이는 집에 돈이 없어 해외여행을 못 가는 아이로 여겨지고, 이를 꼬투리 삼아 또래 친구를 놀린다는 것이다. 성실함과 꾸준함이라는 본질적인 가치가, 경제력이라는 외적인 기준에 밀려 그 의미가 뒤바뀌어 버린 셈이다.

이와 비슷한 겪의 경험이 필자에게도 있다. 필자가 학예직에 인턴으로 입문하여 경력을 쌓아가고 있을 때였다. 주말에 초등학교 학생들을 대상으로 하는 프로그램을 진행하고 있었는데, 과정 중에 한 아이가 손을 들고 필자에게 질문을 했다.

"선생님은 월급 얼마나 받아요?"

질문을 받는 순간 당황하긴 했지만, 애써 태연한 척하며 이리저리 화제를 돌려 그럭저럭 상황을 넘겼다. 그런데 교육 프로그램이 끝나고 곰곰이 생각해보니 너무 기가 찼다. 아직 초등학교 4~5학년 정도밖에 안 된 아이가, 처음 만난 어른을 판단하는 기준으로 경제력을 우선순위에 두고 있다는 사실이 화가 나기도 하고 몹시 씁쓸하기도 했다.

그때 교육에 참여한 아이들이 소위 부유한 동네의 아이들이긴 했지만, 부모들이 평소에 세상을 바라보는 기준을 어떻게 보여주었으면 그 아이들도 그렇게 성장했는지, 분노를 넘어 어이가 없었다.

꾸준함과 끈기, 성실성과 책임감은 사람이 살아가며 반드시 갖추어야 할 덕목임에도, 이와 같은 덕목을 가진 사람을 되려 바보처럼 여기는 풍조가 만연해 있다. 만약 다산 선생이 이러한 세태를 본다면 무어라 했을까?

정작 세상을 이끌어가거나 깊은 학문의 성취를 이룬 이들이 공통으로 가진 덕목은 바로 그 꾸준함과 끈기, 성실성과 책임감이다. 무엇보다 공부를 잘하는 능력만 보아도, 이 덕목들은 결코 빠지지 않는다. 그럼에도 불구하고, 지금 교육 현장에서 묵묵히 자리를 지키며 개근하는 아이들이 되려 상대적인 박탈감을 느끼고 있다.

다산의 자찬묘지명에 이러한 현상을 대입해서 짚어보면, 아이들이 생각하는 것과는 정반대의 결론이 나온다. 다산의 자찬묘지명은, 그가 평생을 바쳐 꾸준히 자신을 돌아본 결과물이자 그의 철학과 뜻이 시대를 건널 수 있게 한 저력을 표현하고 있다.

무엇보다 다산이 자찬묘지명에 서술한 자신의 뜻을 지금의 우리에게까지 전승할 수 있었던 것도, 그가 꾸준함과 끈기, 성실성과 책임감을 평생 지니고 있었기에 가능했다. 그것은 화려한 재물이나 높은 벼슬이 만들어낸 것이 아닌, 바로 이 묵묵한 덕목들이 쌓이고 쌓여 만들어낸 기적이었다.

다산의 산책 노트 ③
나의 자찬묘지명 써보기

다산 정약용 선생은 평생의 꾸준한 저술과 성찰로 자신의 삶을 증명했다. 그의 자찬묘지명은 스스로를 돌아보는 삶의 태도를, 그의 저서들은 후대에 전하고픈 가치를 담고 있다.

 내가 나의 자찬묘지명을 쓴다면?

다산은 꾸준한 자아성찰로 스스로를 변화시켰다. 그의 자찬묘지명처럼, 자신의 삶을 돌아보며 스스로를 기록한다면 어떻게 쓰고 싶은지 서술해보자.

나에게 있어 후대에까지 전하고 싶은 뜻이 있다면?

다산은 수많은 저서를 통해 자신의 뜻을 후대에 남겼다. 그의 정신이 오늘날까지 이어지듯, 자신이 후대에까지 전하고 싶은 것이 있다면 무엇인지 적어보자.

다산의 산책로

능내역 폐역   여유당 앞마당   여유당 사랑채   정약용 묘역

언덕 위 묘역에서 다산은 '자찬묘지명(自撰墓誌銘)'을 통해 자신의 60년 생을 스스로 돌아보고 매듭짓는다. 이 글은 타인의 평가가 아닌, 자신의 목소리로 삶의 진실을 기록하고 깊이 반성한 위대한 인간의 고백이다. 그는 이 묘역에서 '오일삼성오신(吾日三省吾身)'의 자세와, 그 모든 것을 가능하게 한 꾸준함의 힘을 확인한다.

하지만 그의 삶은 자신을 닦는 수신(修身)에서 끝나지 않는다. 그 꾸준함은 나라를 구하고 백성을 이롭게 하려는 거대한 목표를 향했다. 자찬묘지명이 자신의 삶을 향한 반성문이자 유언이었다면, 이제 다

| 다산 기념관 | 실학박물관 | 다산생태공원 | 능내역 폐역 |

산은 자신이 세상에 남긴 또 다른 유언, 즉 유표(遺表)를 마주하러 간다.

그는 유배지에서 피눈물로 써 내려간, 무너진 나라를 다시 일으킬 거대한 설계도, 《경세유표(經世遺表)》가 보관된 곳으로 발걸음을 옮긴다. 다산은 자신의 개인적 삶의 완성을 확인한 자리를 떠나, 그 삶이 빚어낸 공적인 성과물, 즉 절망의 시대에 그가 제시한 국가 개혁의 청사진을 확인하기 위해 다산기념관으로 향한다.

네 번째 산책로

다산 기념관
다산의 증거들

> "모두 마흔여덟 권으로 한 부를 이루었다."
>
> 通共四十八卷 以爲一部.
> ―『목민심서』〈서〉.

여유당 서재에서 쏟았던 한 인간의 고뇌가 다산기념관에서는 만질 수 있는 증거물이 되어 관람객을 맞이한다. 그의 생애가 일목요연하게 펼쳐지고, 그가 남긴 500여 권의 방대한 저작들이 그 자체로 압도적인 물증이 되어 눈앞에 나타난다. 이 기념관은 한 인간의 정치적 실패가 빚어낸 역설적인 성취를 고스란히 보여준다. 만약 그가 순탄한 관료의 길을 걸었다면, 이토록 거대한 저술은 세상에 나오지 못했을지도 모른다.

그는 자신을 덮친 고통을 회피하지 않고, 그것을 학문적 탐구와 집필의 동력으로 삼았다. 그는 고통을 시대를 관통하는 지적 유산으로 바꾸는 힘을 보여주었다. 그의 모든 저술은 결국 어떻게 백성을 이롭게 할 것인가라는 단 하나의 질문으로 수렴된다. 이곳 기념관은 한 인간의 끈질긴 기록이 좌절된 삶을 어떻게 위대하게 완성시킬 수 있는지를 웅변한다. 그 물증 앞에서 우리는 기록한다는 행위의 무게를 실감하게 된다.

위대한 유산의 증거, 다산 기념관

1. 다산은 왜 제도를 말했는가

사람들의 삶이 어렵고 고단할 때, 우리는 그 근본적인 원인을 어디에서 찾아야 하는가. 당대의 많은 이들이, 심지어 오늘날에도 적지 않은 이들이 태만이나 노력 부족, 혹은 도덕성의 결여를 탓할 때, 다산 정약용은 전혀 다른 곳을 바라보았다. 그는 한두 사람의 불행이나 빈곤을 개인적 실패로 치부하지 않고, 백성 전체의 삶을 거대하고 체계적으로 짓누르고 있는 구조적인 문제를 직시했다. 이는 통치자의 개인적 덕성(德性)이나 백성의 도덕적 교화를 강조하던 당대의 주류 담론에서 벗어난, 관점의 전환이었다. 다산이 파악한 민생의 고통, 그 핵심에는 개별적인 사람이 있기 이전에 국가의 근본적인 운영체제, 즉 제도(制度)가 자리하고 있었다.

다산은 세상 사람들의 삶이 이토록 피폐한 까닭이 다름 아닌 국가의 제도에 심각한 결함이 있기 때문이라고 판단했던 통찰은 '사람을 움직이는 궁극적인 힘은 제도'라는 확고한 믿음에 바탕을 둔다. 물론, 아무리 잘 만들어진 제도가 있더라도 그것을 지키고 따르는 사람이 없다면 무용지물일 것이다. 하지만 다산은 인간의 본성이나 선한 의지에만 기대는 정치가 얼마나 취약한지 통찰했다. 그는 사람의 일시적인 선한 의지나 개인적인 노력보다 상위에 존재하며, 오히려 그 의지와 노력을 올바른 방향으로 이끌어내고 때로는 강제하는 추동력(推動力)이 바로 국가의 제도라고 보았다. 제도는 인간의 이기심조차 공공의 이익에 부합하는 방향으로 유도할 수 있어야 했다. 제도가 반듯하게 서면, 비록 개개인의 편차는 있을지라도 백성의 삶 또한 그 견고한 틀 안에서 안정을 찾고 반듯하게 설 수 있다는 것이 그의 신념이었다.

이러한 다산의 고민과 경륜이 집약된 책이 바로 《경세유표(經世遺表)》이다. '경세(經世)'란 본디 세상을 경영하고 질서를 바로잡는다는 뜻으로, 유학자이자 관료였던 그에게는 필생의 과업이었다. 따라서 이 책은 다산이 조선의 임금에게 간절히 전하고 싶었던 국가 경영론인 동시에, 이미 근간부터 썩어 문드러져 무너져 내린 나라를 다시 세우기 위한 총체적인 개혁의 청사진이었다. 국가라는 시스템 자체를 재설계하려는 거대한 설계도 였던 셈이었다.

우리는 이 위대한 저술이 탄생한 배경을 반드시 기억해야 한다. 다산은 권력의 핵심부, 즉 조정의 안락한 집무실에서 임금의 총애를 받으며 이 책을 쓰지 않았다. 그는 머나먼 유배지, 강진의 적막한 골방에서 기약 없는 시간을 보내며 파탄 난 나라의 현실을 그저 고통스럽게 전해 들어야만 했다. 정조 시절, 자신의 높은 뜻을 마음껏 펼쳤던 총명한 개혁가는 이제 정적들에 의해 밀려나 모든 관직과 희망을 박탈당한 채 귀양지에 묶여 있는 신세였다. 당시의 임금은 순조였으니, 다산이 한창 정계에 있을 때 어린 세자로서 분명 만났을 터이다. 권력의 정점에서 가장 참혹한 나락으로 떨어진 이 극단적인 거리감이, 역설적이게도 그에게는 권력 내부자들은 결코 볼 수 없었던 나라의 병폐를 속속들이 투시할 수 있는 날카로운 시선을 제공했다.

비록 육신은 남쪽 끝 유배지에 묶였으나, 나라와 백성을 향한 그의 불타는 마음까지 묶을 수는 없었다. 자신은 이미 죄인의 신분으로 유배 생활을 하고 있지만, 저 궁궐의 임금께서만은 자신의 충심 어린 뜻을 받아 세상에 펼쳐주시기를 바라는 마음으로 붓을 들었다. 설령 자신이 이 유배지에서 살아서 나가지 못하고 죽음을 맞이하더라도, 이 나라를 근본부터 개혁하는 방안만큼은 반드시 임금께 올려야 한다는 처절한 일념으로 저술한 것이다. 그는 나라가 안에서부터 무너져 내리는 소리를 듣고 있었으며, 이는 사소한 보수가 아니라 전면적인 재건축이 필요한 시점임을 직감했다. 그가 현실 정치에서 배제되어 직접 칼을 잡고 개혁을 실행할 수 없었기에, 그의 개혁 의지는 역설적으로 더욱 순수하고 절박하게 글로 응축되었다.

그 참담하고도 절박한 심정은 책의 제목에 고스란히 드러난다. 바로 《경세유표(經世遺表)》이다. '경세(經世)'는 혼란한 세상을 구하고 다스린다는 뜻이다. 그리고 '유표(遺表)'는 신하가 죽어서 임금께 올리는 글, 즉 피눈물로 쓴 유언과도 같은 상소문을 의미한다. 신하가 임금에게 올릴 수 있는 마지막 글이자, 자신의 생명과 평생의 학문적 성취 모든 것을 걸고 올리는 마지막 호소인 셈이다. 다산은 어쩌면 이 책을 살아서 완성하고 임금께 올릴 수 있으리라 기대하지 않았을지도 모른다. 자신이 이 서늘한 귀양지에서 숨을 거둔 뒤에라도, 이 피 끓는 개혁안이 부디 옥좌에 전달되어 나라를 바로잡는 데 단 하나의 벽돌이라도 되기를 바라는 마음. 그것이 바로 '유표'라는 비장한 두 글자에 담겨 있다.

이처럼 한 명의 위대한 경세가가 자신의 모든 것을 걸고, 심지어 죽음 뒤에나 올릴 수 있는 글을 써야만 했던 시대적 상황은, 당시 세도정치가 얼마나 극단적으로 엉망진창이었는지를 역설적으로 증명한다. 나라의 근간이 되는 법과 제도가 더 이상 공공의 것이 아니었다. 그것은 소수의 유력 가문에 의해 철저히 사유화되었고, 백성을 돕는 공기(公器)가 아니라 그들의 피를 빠는 수탈의 도구로 전락했던 암흑의 시절이었다. 제도가 공정성을 잃고 사적 이익의 도구로 변질될 때, 국가는 존재 이유를 상실하고 백성의 삶은 지옥으로 변한다. 홍경래의 난과 같은 민중의 봉기는 이러한 구조적 모순이 곪아 터진 필연적 결과였다.

그렇기에 《경세유표》는 박물관 유리 상자 속에 갇힌, 그저 오래된 책 한 권으로만 볼 수 없다. 국가란 본디 그에 속한 사람들이 최소한의 사람다운 삶을 영위할 수 있도록 보장해야 하는 존재이다. 하지만 다산이 피눈물로 고뇌하던 시기와 마찬가지로, 21세기를 사는 지금 우리가 겪는 현실에도 여전히 그렇지 못한 부분이 너무나 많다. 우리가 경험하는 불평등, 기회의 불균형, 공정성의 위기 역시 그 근원을 파고들면 결국 제도의 문제와 맞닿아 있다. 잘못된 제도가, 혹은 제도의 부재가 개인의 삶을 어떻게 무참히 규정하고, 때로는 어떻게 송두리째 파괴할 수 있는지를 보여주는 통렬한 고발장이자 기록이다.

다산이 던진 근본적인 질문, 즉 '사람다운 삶을 보장하는 진정한 국가는 어떻게 만들어지는가'라는 물음은 수백 년의 시대를 관통하여 지금 우리에게 닿는다. 그렇기에 이 책은 이 공동체의 일원으로 함께 살아가며 '국가란 무엇인가'를 고민하는 모든 이에게 지표(指標)가 될 수 있다. 우리는 다산과 같은 날카로운 시선으로, 지금 우리가 발 딛고 선 이 사회의 법과 제도가 과연 '사람'을 향하고 있는지, 아니면 소수의 이익을 위한 도구로 작동하고 있지는 않은지, 그 본질을 꿰뚫어 보고 끊임없이 물어야 할 것이다.

2. 무너진 시대가 낳은 절박함, 《경세유표》

다산이 붓을 들어 《경세유표》를 구상하던 시기, 조선은 세도정치라는 깊은 수렁에 빠져 있었다. 이는 왕권이 유명무실해지고, 소수의 외척 가문이 국가의 모든 권력을 장악하여 사익을 추구하던 비정상적인 시기였다. 나라의 공적인 기강이 무너지자, 그 피해는 당연하게도 가장 힘없는 백성들의 몫이 되었다. 특히 경제적인 부분에서 백성들에게 지워진 부담은 실로 상상을 초월했다. 예나 지금이나 보통 사람들에게 국가의 제도 속에서 가장 무겁고 즉각적으로 다가오는 것은 세금의 문제이다. 세도정치 시기에 국가는, 아니 권력을 쥔 가문들은 백성들에게서 단 한 푼이라도 더 쥐어짜내고자, 이미 문란해진 제도를 더욱 악랄하게 악용했다. 이는 그야말로 가렴주구(苛斂誅求), 즉 '가혹하게 거두고 죽이듯이 요구한다'는 말이 꼭 들어맞는 현실이었다. 삼정(三政)이라 불린 전정, 군정, 환곡 제도는 이미 오래 전에 백성을 돕는다는 본래의 기능을 상실하고, 백성의 고혈을 빠는 수탈의 도구로 변질되어 있었다.

다산은 이 모든 부정부패의 시작점에 바로 기준의 모호함이 있음을 간파했다. 그렇기에 그는 《경세유표》 속에서 모든 제도의 기본이 되는 도량형(度量衡)에 대한 명확한 기준을 다시 구축하려 했다. 도량형은 길이를 재는 자(度), 부피를 재는 되(量), 무게를 재는 저울(衡)을 말한다. 만약 세금을 걷는 기준이 되는 이 자와 되, 저울이 고을마다, 혹은 징수하는 관리마다 제각각이라면, 그것만큼 관리들이 부정을 저지르기 쉬운 환경도 없다. 기준이 모호하면 그 틈새로 반드시 탐관오리의 사익이 끼어들 여지가 생긴다. 이는 백성들이 아무리 성실하게 일해도

정해진 양보다 더 많은 세금을 빼앗길 수밖에 없는 구조적 착취를 의미했다.

역사적으로 나라가 부강해지기 위해서는 국가를 운영하는 제도가 무엇보다 체계적이며 명확한 기준 아래 세워져야 했다. 분열되었던 중국을 최초로 통일한 진시황이 그토록 강력한 중앙집권 국가를 세울 수 있었던 이유 역시, 단순히 무력이 강해서만은 아니었다. 그는 국가 운영의 틀이 되는 문자, 화폐, 그리고 수레바퀴의 폭(거궤)까지 강제로 통일하는 제도의 정비를 단행했다. 이처럼 제도의 체계적인 정비와 통일성, 일관성을 부여하는 작업은 국가의 근간을 다지는 가장 중요한 일이었다. 다산은 이처럼 도량형 같은 근본적인 기준을 세우는 것에서 그치지 않았다. 그는 조선팔도의 지리적, 환경적 특성을 세밀하게 분석하는 것에서 시작하여, 토지제도, 조세제도, 관리 임용제도, 군사제도 등 나라를 운영하는 데 필요한 핵심 제도들을 낱낱이 살폈다. 그리고 당대의 고질적인 사회적 문제들을 해결하기 위해 무엇을 어떻게 개선해야 하는지, 국가 제도 전반을 백과사전처럼 종합적으로 다루었다. 《경세유표》는 이처럼 총체적으로 무너진 시대에, 단편적인 해결책이 아닌 국가 시스템의 전면적인 재설계(再設計)만이 백성들의 삶을 평안하게 만들 수 있다는 다산의 간절한 뜻을 자세히 담아낸 위대한 기록이다.

3. 나라를 위한 개혁의 설계도

다산의 《경세유표》가 그토록 절박한 시대의 산물이었다면, 그 안에는 과연 무엇이 담겨 있는가. 이 책은 결코 현실에 대한 비판이나 지식인의 무력한 한탄에 그치지 않는다. 여기에는 총체적으로 무너진 나라를 뿌리부터 다시 세우고, 백성들이 각자의 자리에서 최소한의 평안한 삶을 누릴 수 있도록 하는 구체적인 국가 재건의 설계도가 담겨 있다. 그리고 이 정교한 설계도야말로 다산이 평생을 바쳐 추구한 실학(實學)의 정수라 할 수 있다.

다산이 정립한 실학의 중심은 나라를 효율적이고 공정하게 다스려 백성들이 각자의 생업에 종사하며 평안한 삶을 살 수 있도록 하는 것, 즉 '경세(經世)'와 '애민(愛民)'의 실현이었다. 《경세유표》의 방대한 내용을 살펴보면, 다산의 학문이 궁극적으로 지향하는 바가 바로 이 국가 경영이라는 거대한 목표임을 분명히 알 수 있다.

하지만 이 국가 경영이라는 거대한 목표를 이루기 위해서는 어느 한 분야의 편협한 지식만으로는 부족하다. 나라를 제대로 운영하는 데 필요한 지식들은 실로 다양하고 복잡하다. 다산은 그 모든 실질적인 앎이 전부 실학의 영역에 속한다고 보았다. 그가 유학 경전의 해석에만 매몰되지 않았던 것은 이런 이유 때문이다. 그래서 그가 저술한 책들의 분야는 한 사람이 이룬 성과라고는 믿기 어려울 만큼 광범위하다. 국가의 중앙과 지방 행정 체제는 물론이고, 당장 사람을 살리는 의학과 백성의 마음을 어루만지는 음악, 질서를 세우는 법학, 억울함을 푸는 법의학에 이르기까지 세상의 다양한 분야를 두루 탐구하고 체계화했다.

특히 우리가 주목해야 할 점은, 그의 그토록 방대한 학문이 언제나 가장 낮고 고통받는 보통의 백성들을 향해 있었다는 사실이다. 추상적인 이념이나 명분이 아니라, 지금 당장 굶주리고 병들고 억울한 그들이 조금이라도 나은 삶을 살 수 있게 하는 실질적인 방안을 모색하는 과정에서, 다산의 저술은 시대를 초월하여 더욱 빛을 발한다.

그 대표적인 예가 바로 당시 아이들의 목숨을 무수히 앗아갔던 홍역의 치료법을 집대성한 의학서 《마과회통(麻科會通)》과, 공정한 형벌 집행을 위한 형법서이자 법의학서인 《흠흠신서

(欽欽新書)》이다.

《마과회통》은 당장 역병, 즉 홍역으로 속수무책 죽어가는 아이들을 살리기 위한 의학 지침서였다. 국가가 백성의 삶을 지킨다는 것은 거창한 구호가 아니라, 이처럼 가장 기본적인 생명을 지키는 일에서부터 시작되어야 한다는 다산의 실용적인 생각이 고스란히 담겨 있다.

《흠흠신서》는 더욱 깊은 의미를 지닌다. 이는 다산의 막연한 애민(愛民) 정신이 공정하고 합리적인 '법의 집행'이라는 형태로 나타난 것이다. 문맹률이 높았던 당시에, 힘없고 글을 모른다는 이유만으로 억울하게 옥살이를 하거나 사실과 다른 자백을 강요받아 과도한 처벌을 받는 백성들이 없도록 하기 위함이었다. 다산이 《흠흠신서》를 저술할 때 중요하게 참고한 서적 중에는 《중수 무원록(重修無冤錄)》이라는 법의학서가 있는데, 그 제목 자체가 '원통하고 억울한 죽음이 없게 하라'는 뜻을 담고 있다. 그는 이 책을 바탕으로 조선의 실정에 맞는 과학수사 지침을 제시했다.

비록 조선이 엄격한 신분제 사회이자 전제 군주 국가였음에도, 나라를 경영하는 기본적인 기준은 성문화된 법률(경국대전 등)이었다. 물론 전근대 사회의 특성상 임금의 말이 곧 법이 되는 경우도 많았고, 법의 해석과 집행이 자의적일 때가 많았다. 다산은 바로 그렇기에 더욱 공정하고 체계적인 법률의 '집행'이 중요하다고 역설했다. 법 자체가 아니라 그 법을 다루는 관리의 태도와 절차를 문제 삼은 것이다. 《흠흠신서》는 바로 그 법 집행의 과정에서 단 한 명의 백성이라도 억울함이 없도록 하려는, 법률 시스템 개혁의 구체적인 실천 방안이었다.

이 책들은 《경세유표》가 그리고자 했던 '백성을 위한 나라'라는 거대한 청사진을 구성하는 매우 구체적이고 실질적인 부분들이다. 두 책 모두 담론이 아닌 백성들의 실생활에서 가장 절실하게 필요한 '삶과 죽음'의 지식들을 담고 있다.

이처럼 《마과회통》과 《흠흠신서》에서 볼 수 있듯, 다산의 학문은 관념 속을 헤매지 않고 구체적인 현실에 단단히 발을 딛고 있었다. 세상은 결국 이름 없는 보통의 백성들로 하여금 돌아가고 있음을 다산은 뼛속 깊이 알고 있었다. 《경세유표》는 바로 이러한 그의 실사구시(實事求是) 철학이 집대성된, 나라 전체를 위한 거대한 개혁의 설계도였던 셈이다.

4. 좋은 시스템과 현명한 사람

《경세유표》가 국가를 운영하는 거대한 틀, 즉 시스템에 대한 설계도라면, 그와 한 쌍을 이루는 책이 있다. 바로 《목민심서(牧民心書)》이다. 이 책은 그 좋은 틀을 운영해야 할 사람, 곧 백성을 다스리는 위정자들이 가져야 할 태도와 자세를 담고 있다.

《경세유표》가 실학의 관점을 비중 있게 다룬다면, 《목민심서》는 사람의 마음을 다루기에 유학의 관점이 상대적으로 더 드러난다. 하지만 두 책 모두 실학과 유학의 관점이 적절히 섞여 있다. 이 둘은 서로 떨어질 수 없는 단짝과 같다. 세상을 움직이는 것은 결국 사람이지만, 그 사람들이 올바르게 움직이며 잘 살 수 있도록 이끄는 것은 국가 운영의 틀인 제도이기 때문이다.

그러나 다산은 이 둘 중에서도 국가 운영의 틀, 즉 제도에 우선순위를 둔다. 아무리 현명한 사람이 있어도, 제도가 잘못되어 있다면 개인의 역량만으로는 한계가 명확하기 때문이다.

그렇다고 다산이 제도를 차갑게만 바라본 것은 아니다. 《경세유표》가 실학의 정수처럼 보일지라도, 그 기반에는 사람을 향한 유학의 철학이 깊이 자리하고 있다. 바로 맹자가 말한 항산(恒産)과 항심(恒心)의 가르침이다.

이는 왕도정치의 기반이 되는 철학으로, 임금의 정치는 항상 백성을 향해아 하며 무엇보다 백성이 배불러야 한다는 뜻을 담고 있다. 항산, 즉 먹고사는 경제적인 부분이 최소한이라도 안정되어야 항심, 곧 평정심을 가지고 사람답게 살 수 있다는 것이다. 사람은 이 평정심이 없으면 바른 삶을 꾸려갈 수 없다.

다산은 《경세유표》를 통해 바로 이 백성들의 항산을 지켜주고 싶었던 것이다. 백성들의 항산을 지키기 위해 국가 운영의 틀인 제도를 촘촘히 정비하여 부정부패를 차단하고, 그들의 삶이 다시 정상 궤도에 오를 수 있도록 해주고 싶었을 것이다.

그러나 현실은 그렇게 되지 않았다. 조선의 세도정치 시기, 임금과 위정자들은 자신들의 배를 불리기에 바빴고 백성들의 안위는 관심 밖이었던 것이다. 일부 가문의 힘이 임금의 힘보다 강했던 시기로, 백성을 향한 정치는 일찍이 무너져 있었다.

이러한 비극적인 퇴보는 어쩌면 다산을 그토록 아꼈던 정조의 구상이 그의 급작스러운 승하로 중단되었기 때문에 발생한 것인지도 모른다. 정조가 1800년에 갑자기 세상을 떠나면서, 그가 추진했던 여러 개혁적인 제도들은 힘을 잃었다. 어린 순조가 왕위에 오르고 정순왕후가 수렴청정을 하면서 조선의 정치는 세도정치로 퇴보하게 된다.

총명했던 다산은 정조가 승하하는 순간 자신의 정치 생활이 끝났음을 직감했던 모양이다. 그는 곧바로 고향인 마재로 낙향했다. 그러나 정권을 잡은 다산의 반대 세력은 낙향한 그를 가만두지 않았다. 결국 서학(천주교)을 가까이했다는 이유로 형제들과 엮여, 기나긴 유배 생활을 떠나게 된다.

왕도정치가 무너졌던 그 암울한 세도정치기에, 다산은 유배지에서 자신이 직접 정계에 진출하여 뜻을 펼칠 수 없음을 알았다. 그래서 그는 붓을 들었다. 자신의 철학과 생각이 담긴 국가경영에 필요한 두 권의 책, 《경세유표》와 《목민심서》는 그렇게 절망의 시간 속에서 탄생한 것이다.

5. 시대를 넘어선 다산의 혜안

다산의 저서들에는 그의 삶과 세상에 대한 철학이 담겨 있다. 그가 유배 기간과 유배가 풀린 후 여유당에서 저술한 책들을 자세히 살펴보면, 유학(儒學)을 밑바탕으로 그 위에 실학(實學)이 굳건히 자리하고 있음을 알 수 있다.

서로 달라 보이는 학문의 분야를 잇고자 하는 이러한 학문적 태도는 깊은 통섭(通涉)이라 할 수 있다. 큰 틀에서 살폈을 때 다산의 실학은 결코 뿌리 없이 등장한 것이 아니라, 그가 평생을 공부한 유학을 기반으로 하고 있다.

다산은 이러한 학문적 태도를 지녔기에 다른 사람들보다 세상을 바라보는 혜안(慧眼)이 깊었다. 이는 그가 저술한 여러 권의 저술에 고스란히 담겨있다. 다산이 방대한 분야의 지식을 꿰뚫어 하나로 묶어낼 수 있었던 것도, 그의 꾸준한 공부를 통해 사물의 근본 이치인 문리(文理)를 터득했기 때문이다.

문리를 터득한 사람만이 가질 수 있는 그 혜안의 밑바탕에는 항상 사람이 자리하고 있다. 세상에서 가장 중요한 것은 사람이며, 세상에 존재하는 사람들 중에 쓸모없는 사람은 없다는 것이다. 모두 존재의 이유를 가지고 태어났으며, 사람은 서로가 서로를 존중할 수 있을 때 비로소 세상이 밝아질 수 있다고 보았다.

다산의 실학은 바로 이 통섭이 발현된 학문이다. 물질문명과 정신문명이 함께 발전해야 세상 사람들이 사람답게 살 수 있으며, 무엇보다 항산(恒産)을 통한 항심(恒心)으로 개개인이 자신의 삶을 제대로 꾸려갈 수 있음이 그 안에 드러난다.

물질문명과 정신문명의 발전 속도에 차이가 날 때, 세상을 살아가는 사람들의 삶은 위태로워지며 미래에 대한 불안감을 떨칠 수 없게 된다. 이런 이유로 이러한 시대를 살아가는 많은 사람들이 마음의 병을 한 가지 이상 가지고 있다. 더불어 이러한 마음의 병을 극복하는 저력이 다소 부족하여, 사람에 따라 어렵고 힘든 시기를 견디지 못하고 극단적인 선택을 하기도 한다. 어쩌면 나라와 경제가 급속도로 발전하는 과정에서 정신문명의 발전에 지체현상이 일어나면서부터가 아닌가 한다.

다산의 《경세유표》와 《목민심서》를 보면 그가 세상을 바라보는 혜안이 얼마나 뛰어났는지 알 수 있다. 무엇보다 세상을 경영하는 것은 사람과 제도, 그리고 물질의 운영이 서로 조화롭게 이뤄져야 질서정연하고 평화로운 세상이 올 것이라 생각한 다산의 혜안에 감탄을 금치 못한다.

필자가 생각하기에 우리가 사는 시대에는 다산과 같이 세상을 바라보는 혜안을 가진 어른이 드물다. 그래서 사람들 간의 신뢰가 떨어지고 개인의 인생을 꾸리기에 바쁜 사회가 된 것이 아닐까 생각한다.

사람이 길을 잘못 들 수는 있다. 하지만, 길을 잘못 들었음을 인식하게 되면 바른 길이 어딘지 찾게 되고 문제가 일어나는 것을 사전에 예방할 수 있다. 그런데 주변에 세상을 바라보는 혜안을 가진 어른이 없기에 각자가 길을 헤매며 바른 길을 찾아가는데 시간도 오래 걸리고 시행착오가 많아져 쓸데없는 곳에 기력을 낭비한다. 정작 바른 길을 찾았을 때는 그 길을 걸어갈 힘조차 거의 남아있지 않게 된다. 이런 현상이 살아가는 사람들에게 자주 일어나고 있기에, 각자가 인식하지도 못한 사이에 번 아웃이 오기도 한다.

이런 점으로 인해, 우리 시대의 인류는 정신적 스승이자 본받을 만한 혜안을 가진 다산에게 매료되는 것이다. 그것은 화려한 재물이나 높은 벼슬이 만들어낸 것이 아닌, 바로 이 묵묵한 덕목들이 쌓이고 쌓여 만들어낸 기적이었다.

다산의 산책 노트 ④
삶의 원칙을 세우고 지혜를 구하기

다산은 나라의 기틀을 마련하고자 '경세유표'를 저술했다. 우리 역시 자신의 삶을 지탱할 원칙이 필요하며, 때로는 다산과 같은 스승의 가르침이 필요하다.

자신만의 '경세유표'를 짓는다면?

사람들은 무언가를 직접 겪어보고 자신만의 결을 담아내려는 경향을 보인다. 처음 마음에 품었던 뜻을 이루기 위해서도, 이를 실천할 자신만의 규범과 틀이 필요하다. 자신의 삶을 위한 '경세유표'를 짓는 마음으로 그 내용을 적어보자.

다산과 같은 스승께 묻고 싶은 것은?

다산은 으뜸가는 실학자였다. 물질과 정신의 균형을 중시하고 학문을 두루 꿰뚫어 본, 시대를 앞선 지식인이었다. 삶의 길이 헷갈리고 방향을 고민할 때, 이처럼 지혜로운 어른의 가르침이 필요해지곤 한다. 만약 다산과 같은 스승이 지금 곁에 있다면, 어떤 가르침을 구하고 싶은지 한번 적어보자.

다산의 산책로

능내역 폐역 　　여유당 앞마당 　　여유당 사랑채 　　정약용 묘역

다산기념관에서 다산은 《경세유표》라는 거대한 국가 개혁의 설계도를 마주한다. 《마과회통》과 《흠흠신서》에서 보듯, 그의 모든 학문은 의학과 법학에 이르기까지 백성의 삶이라는 구체적인 현실을 향했다. 그는 제도라는 틀을 통해 백성의 항산(恒産)을 지키고자 했다.

이토록 방대하고 실용적인 학문, 즉 '실사구시(實事求是)'와 '이용후생(利用厚生)'의 관점이 과연 다산 한 사람에게서만 비롯되었을까. 이 다산기념관이 다산 한 사람만의 위대한 업적을 보여준다면, 이제는

다산 기념관 — 실학박물관 — 다산생태공원 — 능내역 폐역

그의 사유가 속한 더 넓은 강줄기를 확인해야 한다. 이제 다산은 자신과 같은 물음, '왜 백성의 삶은 불편한가'라는 근본적인 질문을 공유했던 동료와 선배 학자들을 만나고자 한다. 자신의 학문이 고립된 봉우리가 아니라, 시대의 아픔에 함께 응답하려 했던 거대한 산맥의 일부였음을 확인하려는 것이다.
이제 다산은 그가 집대성한 그 학문의 더 넓은 맥락, 즉 실학(實學)의 세계를 살피기 위해 실학박물관으로 향한다.

다섯 번째 산책로

실학박물관
실학의 고장

> "천하의 일은 한 사람만으로 할 수 있는 것이 아니다."
>
> 天下事, 非一人所可爲也.
> ― 『목민심서』〈율기〉

이제까지 다산이라는 한 개인의 삶을 따라 걸었다면, 실학박물관은 그가 결코 혼자가 아니었음을 보여준다. 그는 고립된 천재가 아니라, 당대의 문제의식을 공유했던 수많은 지성들과 함께했던 인물이다. 이곳은 나는 혼자가 아니었다는 지적인 위로를 건네는 공간이다. 성호 이익에서부터 연암 박지원에 이르기까지, 관념의 세계에 갇히기를 거부한 학자들의 목소리가 모여 있다.

실학(實學)이란 무엇인가. 그것은 책상 위에서 공허하게 맴도는 학문이 아니다. 오직 백성의 삶이라는 하나의 목표를 향했다. 실사구시(實事求是), 즉 사실에 근거하여 진실을 찾는 태도였다. 다산의 모든 저술은 결국 이 현실의 문제를 풀기 위한 해답지였다. 그는 당대의 여러 고민을 집대성하여 하나의 거대한 학문 체계로 완성한 인물이다. 이 박물관은 그가 딛고 섰던 지적 토대가 무엇인지 깨닫게 한다.

실학박물관

1. "왜 불편한가?"에서 시작된 학문, 실학(實學)

"불편은 발명의 어머니, 실패는 성공의 어머니"라는 어구가 있다. 학문을 이야기할 때, 우리는 종종 그것이 우리의 구체적인 삶과 얼마나 맞닿아 있는지를 잊곤 한다. 특히 조선 시대를 이끌었던 성리학은 우주의 원리와 인간의 본성을 탐구하는 깊은 사유를 담고 있었지만, 때로는 백성들의 고단한 현실과는 일정한 거리를 두기도 했다. 밥을 굶고, 무거운 세금에 허덕이며, 불편한 도구로 힘겹게 농사를 짓는 사람들에게 당장 필요했던 것은 그들의 일상을 조금이라도 나아지게 할 지혜였다.

실학(實學)이라는 이름은 바로 이러한 배경에서 출발하는데, 글자 그대로 실질적인 학문을 뜻하는 실학을 떠받치는 두 기둥 같은 말이 있다. 바로 이용후생(利用厚生)과 실사구시(實事求是)이다. 이용후생이란 도구를 이롭게 사용하여 백성의 삶을 두텁고 풍요롭게 한다는 뜻이다. 실사구시는 사실에 근거하여 진리를 탐구한다는 의미로, 머릿속 관념이 아닌 현실에 발을 딛고 문제를 바라보겠다는 태도이다.

이 두 가지 말은 결국 삶의 본질적인 물음으로 귀결된다. "왜 지금 우리는 불편한가?" 그리고 "어떻게 이 불편을 실질적으로 해결할 것인가?"이다. 이것이 실학자들이 품었던 근본적인 질문이었다.

이에 불편은 발명의 어머니라는 말을 깊이 곱씹어 본다. 이 말은 인류의 긴 역사를 관통하는 하나의 진리일 것이다. 아주 먼 옛날, 구석기 시대의 인류가 만들었던 주먹도끼를 떠올려 본다. 지금의 시선으로 보면 그저 날카롭게 깬 돌멩이 하나에 불과할지 모른다. 하지만 그것은 인류가 맨몸으로 마주했던 첫 번째 불편함에 대한 위대한 해답이었다.

맨손으로 단단한 열매를 깨고, 사냥한 짐승을 해체하며 겪었을 무수한 어려움. 그 불편하다는 몸의 감각이 없었다면, 인류는 돌을 깨뜨려 도구를 만들 생각을 하지 못했을 것이다. 주먹도끼는 삶을 더 낫게 만들려는 실용적인 고민의 첫 산물이었다. 그렇게 인류는 지구상에 출현한 이래로 줄곧 삶의 크고 작은 불편을 해결하며 한 걸음씩 나아왔다. 불편함을 인지하고, 그것을 개선하려는 의지. 이것이 바로 시대를 막론하고 모든 실용적 지식의 출발점이다.

조선 시대의 지배 이념이었던 성리학은 물론 국가의 기틀을 잡고 사람의 도리를 세우는 데 큰 공헌을 했다. 하지만 시간이 흐르면서 일부 학자들은 명분과 원리에 치우쳐, 백성들의 구체적인 삶의 고통을 살피는 데 소홀한 경향을 보이기도 했다. 예법(禮法)에 대한 논쟁이 몇 년씩 이어지는 동안, 농민들은 여전히 조악한 농기구로 척박한 땅을 일구고 있었다.

실학자들은 바로 이러한 현실 앞에서 고개를 돌렸다. 그들의 시선은 하늘의 이치(理)에서 땅의 현실로 향했다. 그들은 백성들이 딛고 선 땅과 그 땅을 일구는 사람들의 구체적인 삶에 주목했다. 나라의 부강은 백성의 풍요에서 나오며, 그 풍요는 관념적인 논의가 아닌 실질적인 기술과 제도의 개선에서 비롯된다고 생각했다.

실학은 어떻게 살아야 하는가라는 철학적 물음을 어떻게 하면 우리가 지금 더 잘 살 수 있는가라는 현실적 물음으로 바꾸어 놓으려는 노력이었다. 책상에 앉아 홀로 세상을 논하기보다, 직접 밭을 살피고, 강물의 흐름을 재며, 백성들의 작은 목소리에 귀를 기울이리는 것이다.

우리가 앞으로 실학박물관을 거닐며 만나게 될 수많은 생각과 발명품들은 모두 이 불편이라는 씨앗에서 싹튼 열매들이다. 삶을 외면하는 표면적인 학문을 멀리하고, 삶을 정면으로 끌어안고 더 나은 방향으로 이끌고자 했던 노력. 그것이 바로 우리가 마주하려는 실학의 본모습이다.

2. 조선의 지리지를 지도로 요약하다
대동여지도라는 실학적 해법

앞서 말한 실학이 현실의 문제를 푸는 학문이라면, 그 현실의 근간은 무엇이었을까. 그것은 바로 땅이다. 사람은 땅을 딛고 살기에 사람이다. 한국사든 세계사든 지도와 함께 역사를 살피는 것이 이해가 빠른 것도, 인류의 모든 활동이 결국 이 땅 위에서 펼쳐지기 때문이다.

다산 정약용 또한 백성의 삶을 평안하게 하려면 그들이 발 딛고 사는 땅을 먼저 알아야 한다고 말했다. 지역별로 땅이 가진 특성과 특징이 다르고, 사람들은 그에 따라 일정한 삶의 양식을 만들어내기 때문이었다. 땅을 안다는 것은 곧 그곳에 사는 사람들의 삶을 이해하는 첫걸음이었다.

그렇기에 예로부터 인류는 땅의 모습을 축소하여 나타내려 노력했으니, 그것이 지도다. 이 땅의 모습을 담아내려는 노력은 시대가 흐르며 계속 발전했다. 태종대에 그려진 혼일강리역대국도지도에 표현된 한반도와, 훗날 서양의 영향을 받아 그려진 곤여만국전도를 비교해 보면, 땅을 바라보는 사람들의 관념이 어떻게 변화했는지, 그리고 동시에 땅의 실제 모습에 더 가까워지려는 열망이 어떻게 커져왔는지 알 수 있다.

하지만 지도가 주로 땅의 모습(형태)을 그리는 데 집중했다면, 그 땅의 구체적인 내용을 담은 것은 따로 있었다. 바로 지리지(地誌)다. 지리지는 행정구역별로 나누어 그 지역의 자연환경과 인문환경, 역사, 풍속, 산물, 인구 등 해당 지역에 대한 거의 모든 것을 글자로 기록한 책이다. 우리가 익히 아는 『세종실록지리지』가 그 대표적인 예다. 이 지리지들을 보면, 각 읍면 단위의 연혁, 토지의 비옥도, 인구수, 군사 배치, 바치는 공물과 특산물에 이르기까지 실로 방대한 기록이 담겨있다. 국가 통치의 근간이 되는 귀한 기록이었다.

지리지만 보아도 그 지역의 모습과 사람들의 생활상을 대략 그릴 수 있었다. 그러나 여기에는 결정적인 불편이 존재했다.

지리지는 철저히 책의 형태를 띠었고, 한반도 전역의 것을 모으면 그 수량이 어마어마했다. 한 지역의 지리지만 해도 여러 권이기 일쑤였다. 지식은 책 속에 잠자고 있었다. 한 고을의 수령이 새로 부임하여 그 지역을 빠르게 파악하려 해도, 수십 권의 책을 뒤적여야 했다. 하물며 길을 가는 나그네나 물건을 실어 나르는 상인이 이 거대한 기록을 들고 다니며 현장에서 참고한다는 것은 상상조차 할 수 없었다. 국방을 위해 적의 침입로를 살피는 장수라 할지라도, 군사용 지도가 주어지긴 했으나, 이는 지형과 군사 정보에만 초점이 맞춰져 있어 지역의 전반적인 상황(창고 위치 등)을 한눈에 파악하기는 어려웠다. 더욱이 이러한 지도는 극소수만 접근할 수 있었기에 다수가 활용하기에는 명백한 한계가 존재했다.

이 거대하고 오래된 불편함 앞에서, 한 사람이 위대한 해법을 내놓는다. 바로 고산자(古山子) 김정호와 그의 대동여지도다.

대동여지도가 조선의 모든 지도를 통틀어 으뜸으로 꼽히는 이유는 여러 가지다. 우선 그 정밀성과 정확성이다. 이는 김정호가 한반도를 두루 다니며 실측에 가깝게 땅을 조사하고 기존의 여러 지도를 집대성했기에 가능했다. 산줄기는 굵은 선으로, 하천은 가는 선으로 표현하되, 배가 다닐 수 있는 물길은 쌍선(雙線)으로 그려 구분했다. 이는 관념이 아닌 사실에 근거하려는 실사구시의 태도 그 자체였다.

그러나 대동여지도의 진정한 가치는 이 지도가 마치 방대한 지리지를 한눈에 볼 수 있게 요약한 그림책과 같다는 데 있다. 김정호는 지리지에 담긴 수많은 글자들을 그냥 지도 위에 옮겨 적은 것이 아니었다. 그는 산맥, 하천, 성곽, 역참, 창고, 봉수대, 목장 등 국가 운영과 백성의 삶에 필요한 핵심 요소들을 일목요연한 기호로 약속하여 표기했다.

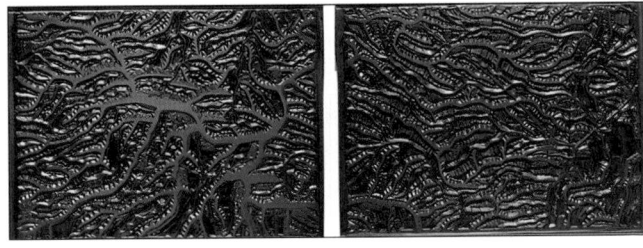

대동여지도 목판 (국립중앙박물관)

예컨대 역(驛)은 말을 갈아타는 곳이므로 마패 모양으로, 창고(倉庫)는 곡식이 쌓인 둥근 낟가리 모양으로 그렸다. 봉수(烽燧)는 불을 피우는 모습으로 나타냈다. 이는 글을 일일이 읽지 않고도, 이 기호만 보고 그 지역의 핵심 기반 시설을 즉각 파악할 수 있게 만든 것이었다. 지식을 아는 자만 독점하는 것이 아니라, 필요한 사람이면 누구나 쓸 수 있도록 문턱을 낮춘 것이다. 무엇보다 이 모든 것을 쓸모 있게 만든 결정적 발상은 그 형태에 있다. 대동여지도는 한 장의 거대한 그림이 아니었다. 전국을 남북으로 120리(약 47km) 간격으로 구분하여 22개의 층(層)으로 나누고, 이를 다시 동서로 80리(약 31km) 간격으로 잘라 총 22첩의 서첩(書帖) 형태로 제작했다. 각 첩은 병풍처럼 접고 펼 수 있어, 한 첩이 지금의 책 한 권과 비슷하여 품에 넣고 다닐 수 있었다. 동쪽으로 길을 가면 동쪽 지도를, 남쪽으로 가면 남쪽 지도를 챙기면 그만이었다. 또한 각 첩은 끝과 끝이 정확히 맞물리도록 설계되어, 여러 첩을 이어 붙이면 원하는 넓이의 지역을 한눈에 볼 수 있었다. 이것은 분리와 통합이 자유로운, 지극히 실용적인 설계였다.

김정호가 왜 이토록 거대한 일에 평생을 매달렸는지는 여러 가지로 추측할 수 있다. 하지만 그 결과물인 대동여지도를 보면, 그가 기존 방식의 불편함을 뼈저리게 느끼고 있었음을 알 수 있다. 대동여지도는 지리지가 가진 지식의 깊이를 지도가 가진 직관성과 결합하고, 거기에 휴대성이라는 실용성을 더한 발명품이었다.

이는 백성들의 삶에 이롭게 쓰이고 삶을 풍요롭게 하려는 이용후생의 목적의식이, 사실에 근거한 실사구시의 제작 과정을 만나 탄생한, 조선 실학이 낳은 가장 위대한 성과물 중 하나다. 김정호 또한 다산처럼, 땅을 아는 것이 곧 백성의 삶을 아는 첫

걸음임을 깨닫고 있었던 것이 아닐까.

3. 실학의 모든 것을 꿰뚫다
   다산 정약용이라는 거인

실학박물관을 거닐다 보면 한 가지 물음이 자연스레 떠오른다. 조선 시대에 실학을 논한 학자가 여럿 있었는데, 무슨 이유로 박물관이 바로 이곳, 다산 정약용 선생의 생가가 있는 남양주 조안면에 세워졌을까 하는 점이다. 물론 박물관이 세워질 당시의 현실적인 여러 이유도 있었을 것이다. 하지만 그보다 근본적인 까닭은, 실학의 역사에서 다산 정약용만큼 넓고 깊은 영역에 걸쳐 실용적 학문의 영향을 끼친 인물을 찾기 어렵기 때문일 것이다.

우리가 학창 시절 역사를 배울 때를 생각해 보자. 실학을 배울 때면 으레 농업 중심의 개혁을 말한 중농학파, 혹은 상공업과 기술의 발전을 말한 중상학파 등으로 나누어 배웠다. 유형원, 이익, 박지원, 박제가 같은 이름들을 떠올릴 수 있다. 그런데 다산 정약용 선생에 이르면, 그를 어느 한쪽의 틀에 넣어 설명하기가 곤란해진다. 그는 농업 제도의 개혁(『경세유표』의 전론)을 말하는 동시에, 성곽을 쌓는 기술(거중기)과 도시 행정(『목민심서』)을 논했다. 그의 저서는 실로 여러 분야에 걸쳐 있어 한 사람의 학문 세계라고 믿기 어려울 정도다.

그래서 다산을 실학계의 레오나르도 다빈치라고 표현하는 것은 참으로 적절한 비유라 생각한다. 시대적으로나 지역적으로 두 인물은 멀리 떨어져 있지만, 세상을 바라보는 혜안과 여러 학문을 아우르는 종합적인 지식을 갖춘 인물이라는 점에서 공통점을 발견한다. 다빈치가 해부학, 식물학, 공학, 미술에 두루 통달했듯, 다산 또한 경학(經學), 행정학, 법률, 의학, 건축 공학, 농학에 이르기까지 손대지 않은 분야가 거의 없었다.

하지만 다산의 위대함은 그저 많은 분야를 알았다는 데에만 머무르지 않는다. 그는 각 분야의 지식이 따로따로 존재하는 것이 아니라, 서로 보완하며 연결되어 있음을 깊이 깨닫고 있었다. 그는 이 지식들을 통섭적으로 경영하여 백성의 삶을 이롭게 한다는 하나의 목적으로 꿰뚫었다.

예를 들어, 그가 설계한 거중기는 그저 무거운 돌을 드는 기계 기술의 문제가 아니었다. 그것은 성곽을 쌓는 공사 기간을 단축하여 백성들의 부역 고통을 덜어주려는 목민(牧民)의 의지와 연결되어 있었다. 그가 전염병을 연구하고 『마과회통』 같은 의

서를 쓴 것은, 의학 지식을 뽐내기 위함이 아니라 당장 질병으로 죽어가는 생명을 구하려는 절박한 이용후생의 실천이었다. 또한 『흠흠신서』를 통해 공정한 수사와 판결의 기준을 세우려 한 것은, 법률 지식을 통해 억울한 백성이 없도록 하려는 행정 개혁의 일부였다.

이처럼 그의 학문은 농업, 공학, 의학, 법학, 행정학 등 모든 분야가 더 나은 사회라는 하나의 목표 아래 유기적으로 엮여 있었다. 그는 중농학파나 중상학파라는 구분 자체에 갇히지 않고, 나라를 새롭게 경영하기 위해 필요한 모든 실용적 지식을 체계화하려 했다.

하지만 이 거대하고 앞서나간 학문의 흐름은, 안타깝게도 그를 알아주고 지지해주던 정조 임금이 세상을 떠나면서 급격히 힘을 잃기 시작했다. 실학의 발전은 시대적 운명과 궤를 같이했다. 다산이 기나긴 유배 생활을 견뎌야 했던 것처럼, 그의 실학 사상 또한 조선의 주류 학문으로 뿌리내리지 못하고 긴 시간 동안 묻혀 있어야 했다.

이곳 실학박물관에 서서 다산의 자취를 따라 걷는다는 것은, 어쩌면 한 시대가 온 힘을 다해 도달하려 했던 실용적 지혜의 정점을 마주하는 일일 것이다. 그리고 동시에, 그 뜻이 온전히 펼쳐지지 못했던 시대의 아픔을 함께 느끼는 일이기도 하다.

4. 실학 정신의 뿌리를 찾아서
　　세종, 과학의 시대를 열다

다산 정약용의 학문 세계가 조선 후기 실용적 지식의 집대성이었다면, 이러한 태도는 과연 그 시대에 처음 등장한 것일까? 역사를 거슬러 올라가 보면, 우리는 그 뿌리가 훨씬 더 깊고 단단한 곳에 닿아 있음을 발견하게 된다. 학문이란 본디 이름이 붙기 전에 이미 그 내용이 먼저 존재하는 법이기 때문이다.

한국사를 살피다 보면 유독 눈에 띄는 시기가 있으니, 바로 우리가 잘 아는 세종대왕의 시대다. 세종의 수많은 업적을 이끈 바탕에는 애민(愛民), 즉 백성을 아끼고 사랑하는 마음이 깊이 깔려 있었다. 이는 이용후생(利用厚生), 즉 도구를 이롭게 써서 백성의 삶을 두텁게 한다는 실학의 근본 목적과 정확히 일치한다.

세종이 마주했던 불편은 무엇이었을까. 그것은 조선이라는 새 나라가 건국되었음에도, 여전히 많은 부분에서 남의 기준에 맞춰 살아가고 있다는 현실이었다. 우리는 우리의 하늘을 보지 못했고, 우리만의 정확한 시간을 갖지 못했으며, 무엇보다 백성들은 제 뜻을 펴고 싶어도 그것을 적을 글자가 없었다. 명분과 사대(事大)의 논리 속에서 백성들의 실질적인 삶은 뒤로 밀려나 있었다.

이 거대한 현실의 문제를 풀기 위해 세종은 파격적인 결단을 내린다. 바로 신분을 가리지 않고 오직 쓸모 있는 인재를 등용한 것이다. 장영실이 바로 그 대표적인 예다. 그의 신분이 비록 천하였음에도, 오직 그가 가진 과학적 재능과 기술을 높이 사 곁에 두고 관직을 내렸다. 이는 혈통이나 명분이 아닌 실용을 택한, 그 시대의 관념을 뛰어넘는 결단이었다.

그렇게 장영실을 통해 조선의 하늘을 관측하는 혼천의(渾天儀)가 만들어지고, 조선의 시간을 백성에게 알리는 해시계(앙부일구)와 스스로 시간을 알리는 물시계(자격루)가 탄생했다. 이는 단순히 새로운 기계를 만든 일이 아니었다. 남의 시간이 아닌 우리의 시간을 되찾아, 백성들이 농사 때를 놓치지 않도록 하려는 실용적인 배려였다.

세종의 이와 같은 노력 속에서 그 정점에 있는 것은 단연 훈민정음이다. 수많은 백성이 글을 몰라 겪는 그 헤아릴 수 없는 불편함, 억울한 일을 당하고도 하소연할 길조차 없었던 그 절박함을 해결하기 위해, 임금 스스로가 백성을 위한 새 글자를 만들었다. 이 또한 백성의 삶을 이롭게 하려는 애민의 마음이 빚어낸 실용적 해법이었다.

세종이 한 일은, 훗날 다산 정약용이 『경세유표』를 통해 이루려 했던 것과 그 본질에서 맞닿아 있다. 두 사람 모두 조선의 실정(實情)에 맞는 사회적 체계와 제도를 바로 세우고자 했다. 이는 관념 속에서 답을 찾는 것이 아니라, 사실에 기반하여(實事) 현실의 문제를 풀려는(求是) 태도 그 자체였다. 당시에는 비록 실학이라는 용어가 널리 쓰이지 않았을지라도, 세종의 업적이야말로 실학이 추구한 가치가 국가적 차원에서 구현된 빛나는 사례라 할 수 있다.

여기서 우리는 실학이 곧 과학과 함께한다는 중요한 사실을 다시금 깨닫는다. 세종에게 과학은 백성의 불편을 해결하고 나라의 기틀을 바로잡는 구체적이고 핵심적인 도구였다. 다산의 저술을 보아도 마찬가지다. 그의 방대한 저작을 굳이 인문학적 부분과 과학적 부분으로 나누어 본다면, 상대적으로 과학적 기술을 다룬 부분이 적지 않음을 알 수 있다. 그에게 과학적 지식은 인문학적 경륜을 현실에 구현하기 위한 필수적인 수단이었다.

후대에 서구의 분과적 학문 풍조가 들어오면서, 우리는 어느덧 사람을 문과적 사람, 이과적 사람으로 나누는 이분법적 사고에 익숙해졌다. 그러나 본래 우리의 선조들은, 그리고 세종과 다산 같은 위대한 인물들은 그러한 구분에 갇히지 않았다. 조선의 교육은 레오나르도 다빈치와 같은 전인적인 인재, 즉 세상을 두루 살필 줄 아는 인재를 길러내는 데 목표를 두었다.

과거시험만 보아도 그렇다. 경전의 구절을 외우고 그 뜻을 묻는 명경과(明經科)보다, 현실의 문제에 대한 해결책을 논리적으로 서술하는 제술과(製述科)에 급제한 인물들이 관직에 나아가 더 뛰어난 업무 능력을 발휘하는 경우가 많았다.

이는 국가를 운영하고 백성의 삶을 돌보는 일이란 그 자체가 복잡다단한 현실이며, 그 현실의 문제를 푸는 데는 어느 한쪽의 지식만으로는 부족함을 명확히 보여준다. 세종의 시대가, 그리고 다산의 학문이 우리에게 보여주는 것은, 인문학적 통찰이 과학적 실용과 분리되지 않고 하나로 만나 세상을 이롭게 하는 통섭(通攝)의 길이다.

5. 만약 조선이 실학을 받아들였다면
계몽주의와 엇갈린 운명

앞서 살핀 조선의 실학은, 18세기를 전후하여 그저 한반도 안에서만 일어난 고립된 움직임이 아니었을지도 모른다. 비슷한 시기, 멀리 유럽 또한 17세기와 18세기를 거치며 거대한 사상

석 변화를 겪고 있있다. 우리는 이를 계몽주의라 부른다.

계몽주의는 신 중심의 중세적 세계관에서 벗어나, 인간의 이성으로 현실을 다시 살피고 사회를 합리적으로 개선하려 한 움직임이었다. 이는 실사구시, 즉 사실에 근거하여 진리를 탐구하고, 이용후생, 즉 백성의 삶을 이롭게 하려 했던 조선 실학의 문제의식과 그 방향성이 놀라울 정도로 닮아있다.

유럽은 르네상스와 대항해시대를 거치며 축적한 힘을 바탕으로, 이 계몽주의를 통해 낡은 제도를 혁파하기 시작했다. 그들의 사유는 책 속에만 머무르지 않고, 곧이어 시민혁명과 산업의 발전이라는 구체적인 현실의 변화로 이어졌다. 그리고 18세기를 지나 19세기에 접어들면서, 이 힘을 바탕으로 유럽은 아시아를 앞지르기 시작했고, 나아가 자신들의 생산품을 팔 시장과 원료를 공급할 식민지를 찾아 나섰다. 바로 제국주의 시대의 시작이었다.

이 거대한 압력은 한반도와 일본 열도에도 거의 동시에 닥쳐왔다. 두 나라 모두 문호를 열라는 서구의 요구 앞에 서게 되었다. 여기서 두 나라의 운명은 서로 다른 길로 나아가게 된다.

일본은 미국의 함대에 의해 강압적으로 문을 열었지만, 곧 메이지 유신을 통해 서구의 문물을 받아들여 국력을 키우는 방향으로 급격히 선회했다. 그리고 불과 수십 년 만에 그들 자신도 제국주의 열강의 일원이 되어 이웃 나라를 침략하기 시작했다.

어떻게 그들은 그토록 빠르게 변화할 수 있었을까? 여기에는 여러 이유가 있겠지만 주목할 만한 배경이 하나 있다. 일본은 17세기에도 막부 시절부터 나가사키의 데지마라는 작은 인공 섬을 통해, 비록 극히 제한적이었지만 포르투갈이나 네덜란드와 교역을 이어왔다. 그들은 낯선 서양 문물을 완전히 차단하기보다, 통제된 창구를 통해 그것을 접하고 연구해왔던 것이다. 이 작은 경험의 차이가, 거대한 변화의 요구 앞에서 경직된 대응이 아닌 유연한 사고를 할 수 있는 최소한의 바탕이 되었을지도 모른다.

그렇다면 조선은 어떠했는가. 흔히 흥선대원군의 쇄국정책을 두고 역사의 갈림길이라 말한다. 하지만 문을 닫아걸었던 표면적인 정책보다 더 깊이 들여다보아야 할 이유가 있다. 우리가 주목해야 할 점은, 조선사에서 이어진 세종의 애민에 기반한 과학적 태도와 다산이 집대성한 그 합리적이고 실용적인 실학의 맥이, 정작 그 힘이 필요했던 19세기에 이르러 거의 끊어져 있었다는 사실이다.

정조 임금이 세상을 떠난 뒤, 실학은 다시 관념적인 성리학의 그늘에 가려 힘을 잃었다. 백성의 삶을 개선하고 부국강병을 이룰 구체적인 방법을 연구하던 실학자들은, 조정의 중심에서 밀려나 유배지를 전전해야 했다.

유럽이 계몽주의를 바탕으로 사회를 혁신하고 있을 때, 조선은 우리 안에 이미 싹트고 있던 실학을 스스로 꺾어버렸다. 일본이 데지마의 작은 경험을 바탕으로 낯선 문물을 받아들일 최소한의 유연성이라도 갖추고 있을 때, 우리는 우리의 문을 굳게 닫아걸고 내부의 실용적 목소리마저 외면했다.

역사에 만약이라는 가정은 무의미하다지만, 이곳 실학박물관을 거닐다 보면 곰곰이 생각에 잠기게 된다. 만약 조선이 시대의 흐름을 읽고, 국가 통치 이념을 경직된 명분에서 벗어나 융통성 있게 실학으로 바꾸었더라면 어떠했을까. 만약 다산과 같은 실학자들이 유배지가 아닌 조정에서 그들의 경륜을 펼칠 수 있었더라면, 우리는 적어도 서구의 기술과 문물을 주체적으로 받아들여 스스로를 지킬 힘을 기를 수 있지 않았을까. 우리가 일제강점기라는 고통스러운 역사를 겪게 된 근본적인 원인은, 어쩌면 외부의 침략 이전에 우리 스스로 실용의 가치를 외면하고 불편을 개선하려는 의지를 잃어버렸기 때문인지도 모른다.

6. 다시, 실패를 두려워하지 않는
   실학의 자세

우리는 지금까지 실학이 무엇인지, 그 기나긴 여정을 따라 걸어보았다. 먼저 실학이란 왜 불편한가라는 물음에서 시작된 학문임을 보았다. 그리고 그 불편을 해결한 위대한 발명품 대동여지도를 만났고, 이 모든 것을 집대성한 거인 다산 정약용을 마주했다. 또한 그 뿌리가 세종의 애민과 과학에 닿아 있음을, 그리고 이 거대한 흐름을 우리가 스스로 외면했을 때 어떤 운명을 맞이했는지 돌아보았다. 이제 이 모든 여정을 마무리하며, 이 장의 처음으로 되돌아가 본다.

"불편은 발명의 어머니, 실패는 성공의 어머니."

우리는 불편이 어떻게 발명으로 이어졌는지(주먹도끼에서 대동여지도에 이르기까지) 충분히 살폈다. 하지만 실패에 대해서는 아직 깊이 이야기하지 않았다.

실학은 책상 위에 갇힌 생각이 아니었다. 그것은 현실의 불편을 실용으로 바꾸려는 구체적인 행동을 요구했다. 그리고 이 행동이라는 것은, 처음부터 완벽한 성공을 보장하지 않는다. 장영실이 자격루를 만들 때, 수백, 수천 번의 오차와 씨름하지 않았을까? 김정호가 대동여지도를 완성하기까지, 얼마나 많은 초본(草本)이 실제와 맞지 않아 폐기되었을까? 다산이 거중기를 설계할 때, 단 한 번의 계산으로 완벽한 도르래의 비율을 찾아냈을까?

그럴 리 없다. 모든 발명과 개선의 뒤편에는 반드시 수많은 실패의 과정이 숨어있다. 실사구시(實事求是), 즉 사실에 근거하여 진리를 탐구한다는 말은, "이 방법은 틀렸다" 혹은 "이 길은 막혔다"라는 실패의 사실을 확인하는 과정까지 포함하는 말이다. 실패는 성공의 반대편에 있는 것이 아니라, 성공으로 가기 위해 반드시 거쳐야 할 디딤돌인 셈이다.

그런데 우리가 살아가는 지금의 시대는 어떠한가. 유독 실패를 용납하지 않는 듯하다. 한 번의 실수가 곧 돌이킬 수 없는 낙오로 여겨지는 분위기 속에서, 사람들은 불안하고 두려워한다. 실패가 두려워 아예 새로운 시도를 포기한다. 이것이 경직된 사고로 변화를 거부했던 조선 말기의 모습과 무엇이 다른가. 백성들의 불편이 눈앞에 있음에도, 실패가 두려워 아무것도 하지 않는다면, 그것이야말로 실학의 태도를 완전히 잃어버린 것이다.

서구 사회가 실패를 나무라지 않고 다시 일어설 힘(회복탄력성)을 길러준다는 점을 다시금 떠올려 본다. 심지어 실패한 경험을 귀하게 여겨 상을 주는 제도도 있다고 하니, 참으로 부러운 일이 아닐 수 없다. 실패를 용인한다는 것은, 곧 불편을 개선하려는 시도 그 자체를 귀하게 여긴다는 뜻이다.

실학박물관에 마련된 여러 체험 코너를 떠올려 본다. 그곳에는 실학에 담긴 과학의 원리를 직접 만져보고 작동해볼 수 있는 장치들이 있다. 그 체험의 목적이 무엇일까? 한 번에 성공하여 정답을 맞히는 것일까? 아니다. 오히려 그 반대일 것이다. 이것도 눌러보고 저것도 돌려보면서, 되지 않는 이유를 고민하고, 방법을 바꾸어 다시 시도해 보는 것. 그 과정에서 '아, 이렇게 하니 되는구나!' 하고 깨닫는 것. 그것이 바로 세종과 다산이 추구했던 과학적 태도이며, 실학의 본질이다.

이제 우리는 이 실학의 태도를 우리의 삶으로 가져와야 한다. 이것을 위해 땅과 사람, 과학과 사람의 관계를 물어보았다. 그리고 그 모든 것의 중심에는 언제나 사람이 있다. 과학도 사람의 불편을 덜기 위해 존재하고, 땅도 사람이 발 딛고 살기에 의미가 있다. 김정호가 실제 땅을 조사하여 대동여지도를 그렸듯, 우리 또한 각자 내 인생의 발자취를 그려볼 수 있다.

스스로가 힘들고 어려웠던 시기, 즉 실패했던 경험은 험준한 산악으로, 탄탄대로를 걸었던 성공의 시기는 너른 평야로 표현해 볼 수 있을 것이다. 그렇게 지금까지 살아온 나의 궤적을 하나의 지도 위에 담아보는 것이다.

그 지도를 찬찬히 들여다보면 깨닫게 될 것이다. 험준한 산악, 즉 실패의 경험이 없었다면, 너른 평야, 즉 성공의 기쁨 또한 결코 존재할 수 없었음을 말이다. 실패라는 밑거름이 있었기에 성공이라는 열매를 맺을 수 있었다.

지금 삶의 어떤 불편 앞에서 망설이고 있는가? 혹 실패가 두려워 주저앉아 있지는 않은가? 21세기를 살아가는 우리에게 실학이란, 거창한 학문이 아닐 것이다. 그것은 내 삶의 불편을 외면하지 않고, 실패를 두려워하지 않으며, 어제보다 조금 더 나은 오늘을 만들어가려는 실천적인 자세 그 자체다.

다산의 산책 노트 ⑤
내 인생의 지도를 만든다면?

지금까지 살아온 자신의 발자취를 지도로 형상화해본다. 힘들고 어려웠던 시기는 험준한 산맥으로, 순탄했던 시기는 너른 평야로 표현한다. 자신을 상징하는 땅의 모양 위에 그 여정을 그려보자.

실패의 경험이 성공의 밑거름이 된 인생의 순간은?

인생에서 실패는 누구나 겪을 수 있는 자연스러운 과정이다. 중요한 것은 실패를 딛고 다시 일어서는 회복탄력성이다. 지금까지의 삶에서, 실패가 밑거름이 되어 성공을 이룬 경험이 있는지 생각해보고 적어보자.

_____

_____

_____

_____

_____

_____

_____

땅과 사람, 그리고 과학과 사람

과학기술의 발전은 불편함을 개선하려는 사람의 생각에서 시작된다. 이는 거대한 발명뿐 아니라 일상의 작은 변화에도 해당한다. 삶에서 불편함을 실용으로 바꿨던 경험이 있다면 그 경험을 서술해보자. 없다면, 현재 삶에서 불편하게 느끼는 것은 무엇인지 적어보자.

다산의 산책로

능내역 폐역

여유당 앞마당

여유당 사랑채

정약용 묘역

다산은 인간의 지혜가 빚어낼 수 있는 모든 가능성을 확인한다. 백성의 고단함을 덜어주기 위해 땅을 살피고, 도구를 고안하며, 낡은 체계를 바꾸려 했던 수많은 노력을 돌아본다. 그것은 모두 사람의 힘으로 현실의 문제를 풀려는 뜨거운 의지였다.

하지만 그는 그 모든 분주한 움직임 끝에, 문득 거대한 침묵을 마주한다.

인간의 힘으로 세상을 구하려는 그 모든 방책이, 만약 더 큰 순리를 거스르는 것이라면 어찌되는가. 그는 쉼 없이 내달리던 생각의 걸음을 멈춘다. 그리고 인간의 모든 경영과 제도가 결국 그보다 더 큰 질서

다산 기념관   실학박물관   다산생태공원   능내역 폐역

안에 있음을 깨닫는다.

그는 이제 밖으로 향하던 시선을 거두어, 모든 것의 근원이 되는 이치를 살피려 한다. 스스로 그러하게 흐르며, 만물을 이롭게 하면서도 다투지 않고, 가장 낮은 곳으로 임하는 그 거대한 힘을 마주하려 한다. 다산은 자신이 평생을 마주하며 공존과 상생의 원리를 찾았던 그 강가, 모든 소란스러움이 멈추는 다산생태공원으로 향한다.

여섯 번째 산책로

> "열수는 지금의 서울의 강이다.
> 이 물은 삼한과 한나라의 경계였다."
>
> 洌水者, 今之京江也. 此水以北, 本係漢地.
> 此水以南, 乃爲三韓. 此水卽蕃漢割界之限也.
> ― 『아방강역고』〈강역고〉

유유히 흐르는 북한강이 눈앞에 펼쳐진다. 이 강은 그가 태어날 때도, 그가 마침내 눈을 감을 때도 같은 자리에서 흘렀다. 그는 머나먼 강진 유배지에서 쇠약해진 몸으로 병상에 누워, 이 고향의 강을 얼마나 그리워했던가. 인간 세상은 그토록 시끄럽게 변하고 그를 고통스럽게 했지만, 강은 변함없이 그 자리를 지킨다.

인간 세상은 그토록 시끄럽게 변하고 그를 고통스럽게 했지만, 강은 수백 년 전이나 지금이나 변함없이 그 자리를 지킨다. 이 묵묵한 흐름은 인간사의 모든 풍파와 덧없음을 이미 다 알고 있다는 듯하다. 그것은 모든 것을 목격하고, 모든 것을 받아들이며 그저 흘러간다. 다산 역시 고향에 돌아온 마지막 18년 동안 이 강을 바라보며, 자신을 괴롭히던 수많은 상념과 세속의 굴레를 흘려보냈을 것이다. 이 강변을 걷는 것은 곧 내려놓음과 수용의 시간을 갖는 일이다. 그의 탄생부터 마지막까지 모든 것을 지켜본 저 고요한 흐름 앞에서, 우리 또한 자신의 마음을 깊이 들여다본다.

대동의 세상을 향해, 다산생태공원

1. 멈춰 선 시대의 두 가지 경고음

요즘 세간의 화두가 여러 가지 있지만, 그중에서도 인류에게 실질적인 위기감을 느끼게 하는 화두는 바로 기후위기일 것이다. 그리고 이 기후위기와 함께 언급되는 제6차 대멸종과 생물다양성의 감소 문제가 있다. 이와 같은 무거운 주제들은 모두 자연과 깊이 관련된 것들이다.

필자도 최근 6~7년간 계절의 변화와 여러 기후의 척도들을 살펴보면서 이러한 변화를 피부로 느끼고 있다. 처음으로 지구가 어딘가 이상하다고 느낀 것은 2018년 여름의 기록적인 폭염이었다. 필자의 나이가 그리 많지 않지만, 2018년에 겪었던 그 여름의 폭염은 그 당시까지 경험했던 그 어떤 여름보다 심각하게 다가왔다. 그리고 약 2~3년이 지난 후, 여름에

내리는 비가 마치 동남아 열대지방의 스콜처럼 단시간에 쏟아붓는 것을 경험하면서, 정말로 지구의 기후가 점점 예측하기 어려운 방향으로 변해가고 있음을 인식하게 됐다.

기후위기는 비단 한국만의 문제가 아닌 전 지구적 문제로, 세계가 이로 인해 전에 겪어보지 못했던 여러 자연재해와 인재(人災)를 겪고 있다.

그렇다면 이 거대한 균열은 어디에서 시작된 것일까? 필자는 그 근원을, 인류가 스스로를 자연의 일부가 아닌 자연의 주인이라 여기기 시작한 인식의 전환점에서 찾는다. 물론 특정 시기(산업혁명기)를 전후로 물질을 다루는 인류의 기술은 비약적으로 발전했다. 하지만 그 발전의 이면에는 자연을 삶의 터전이 아닌 개발의 자원으로만 환원시키는 폭력적인 시선이 자리 잡고 있었다. 자연은 더 이상 공존의 상대가 아니었다. 그저 인간의 편의를 위해 무한히 제공되어야 할 재료에 불과했다. 이러한 태도의 오만이 수백 년간 누적되어, 이제 인류의 생존 기반 자체를 흔드는 거대한 반작용으로 되돌아온 것이라 필자는 생각한다.

하지만, 무엇보다 근본적인 이유는 인류가 자연과 공존해야만 살 수 있는 존재라는 사실을 잊어버렸기 때문이라 생각한다. 인류는 스스로를 자연의 주인이라 여기기 전까지 오랜 세월 자연과 공존하며 자연에 널린 자원을 적절히 사용하고 활용했다. 자연과 적절하게 상호작용을 하며 삶을 꾸려나갔던 것이다. 그러나 인류가 자연보다 위에 있다는 오만한 생각이 강해졌고, 자연에서 얻을 수 있는 여러 자원을 무분별하게 착취하기 시작했다.

이러한 인류의 행태는 멈추지 않았다. 그 결과 물질문명은 크게 발전했지만, 그에 반해 정신문명은 그리 발전하지 못하는 일종의 정신지체(精神遲滯) 현상이 전 세계적으로 일어났다. 이러한 불균형은 역사적으로 인간의 잔혹함을 이곳저곳에서 목격하게 했고, 수많은 사람들이 타의에 의해 생을 마감하는 역사의 비극이 끊임없이 반복되는 배경이 되었는지도 모른다.

이러한 정신의 퇴보는 과거의 일에만 머무르지 않는다. 현대 산업사회에 접어들면서 물질은 풍요로워졌지만 정신문명은 더디게 발전하거나 오히려 퇴보하는 듯 보인다. 그래서인지 현대인들은 너나 할 것 없이 마음의 병을 한두 가지씩은 가지게 된 듯하다. 많은 사람들이 불안정한 미래에 대한 불안감과 두려움을 항상 가지고 있으며, 타인을 존중하는 마음이 옅어지고 정신을 바짝 차리지 않으면 나도 모르게 악의 구렁텅이로 빠질 수 있는 삭막한 사회가 됐다.

세상이 이렇게 삭막한 사회가 된 것은 고도로 발전한 산업사회에 스며든 이기심 때문이기도 하겠지만, 그보다 앞서 사람들이 자연과 공존하는 방법을 잊어버린 채 삶에서 자연을 느끼고 살펴볼 여유가 없어졌기 때문이다. 세상을 사람답게 살기 위해서 우리는 뒤를 돌아볼 여유도 없이 그저 앞만 보며 달려야 했기에, 자연을 느끼고 자연을 통해 마음을 다스릴 여유 자체가 없었다. 그러면서 스스로를 성찰할 여유조차 사라졌다.

인류가 자연과 공존하기를 포기한 그 순간부터, 어쩌면 인류는 스스로 멸망의 길로 들어서기 시작했는지도 모른다. 우리 앞에 닥친 기후위기를 극복하고, 동시에 우리 내면의 이 삭막함을 이겨내며 인류의 역사를 꾸준히 이어가기 위해서는, 인류가 다시 자연과 공존할 수 있는 길을 찾아야 할 것이다.

2. 다산 생태공원, 멈춤을 위한 공간

앞서 언급한 우리 시대의 두 가지 위기, 즉 외부의 기후위기와 내면의 삭막함은 결국 자연과의 단절과 쉼 없는 질주라는 태도에서 비롯된다. 세상을 사람답게 살기 위해서 우리는 뒤를 돌아볼 여유도 없이 그저 앞만 보며 달려야 했고, 그 과정에서 자연을 느끼고 자연을 통해 마음을 다스릴 여유 자체가 없었다. 그러면서 스스로를 돌아볼 겨를조차 사라졌다.

이러한 질주를 멈추게 하는 힘은 어디에 있는가. 그 해답을 찾기 위해 필자는 다산 생태공원을 찾는다. 이곳은 그저 아름답게 꾸며진 하나의 공원이 아니다. 이곳은 한 시대의 아픔을 온몸으로 감내하며 자신의 학문과 사상을 완성시킨 인물의 자취가 밴 곳이며, 그가 거닐었을 강변을 마주한 공간이다.

우리가 다산 생태공원에서 발견해야 할 것은, 어쩌면 화려한 조경이나 잘 닦인 산책로 그 자체가 아닐 것이다. 이 공간이 우리에게 권하는 것은 바로 멈춤이다. 다산 생태공원은 그 존재 자체로 우리에게 멈춤의 미학을 말하고 있다.

현대의 삶은 우리에게 끊임없이 움직일 것을 요구한다. 더 빨리, 더 많이, 더 효율적으로 나아가라고 재촉한다. 이러한 흐름에 익숙해진 우리는 멈추는 것을 일종의 도태나 낙오로 여기게 되었다. 하지만 멈추지 않으면 결코 볼 수 없는 것들이 있다. 쉼 없이 달리는 동안 우리는 주변의 풍경을 인식하지 못한다. 그저 목표만을 향해 시야가 좁아질 뿐이다.

이곳 생태공원은 우리에게 의도적으로 느린 걸음을 요구한다. 강을 따라 이어진 길을 걷다 보면, 우리의 발걸음은 자연스레 느려진다. 그리고 발걸음이 느려지는 그 순간, 비로소 보이지 않던 것들이 보이기 시작한다. 계절의 변화에 따라 색을 바꾸는 나뭇잎들, 묵묵히 흐르는 강물의 움직임, 그리고 그 강물 위를 떠다니는 작은 새들의 모습이 눈에 들어온다.

이것은 자연을 느낄 여유를 되찾는 첫 번째 단계이다. 멈춤을 아무것도 하지 않는 무위(無爲)의 상태로 오인하면 안된다. 우리는 멈춤을 지금까지의 관성적인 질주에서 벗어나, 지금 내가 딛고 선 자리를 인식하고 주변을 돌아보는 능동적인 행위로 이해할 필요가 있다.

다산 선생 역시 유배에서 돌아와 이곳, 그가 여유당이라 이름 붙인 집 근처에서 수많은 시간을 보냈다. 그가 이곳에서 강물을 바라보며 보낸 시간들은, 좌절과 울분으로 점철된 지난 세월을 그저 흘려보내는 시간이 아니었을 것이다. 그것은 격렬했던 삶의 속도를 늦추고, 자연의 속도에 자신을 맞추며, 자신의 내면을 깊이 들여다보는 멈춤의 시간이었을 터이다.

그러므로 이 다산 생태공원은 우리에게 하나의 질문을 던지는 공간이다.

"그대는 지금 어디를 향해 그토록 바쁘게 달려가고 있는가?"

이 질문 앞에서 우리는 잠시 걸음을 멈추고, 우리의 삶을 지탱하는 것이 과연 그 빠름에만 있는지 되묻게 된다. 이 멈춤의 공간에서, 우리는 비로소 다음 장에서 이야기할 흐름의 지혜를 받아들일 준비를 하게 된다. 멈춰 서서야 비로소 강물이 어떻게 흐르는지 볼 수 있기 때문이다.

3. 흐르는 강물에서 배운다
상선약수(上善若水)와 성찰

앞서 우리는 멈춤을 이야기했다. 그런데 여기서 멈춰 선들 과연 무엇이 보인다는 말인가. 다산 생태공원에서 멈춘 시선은 자연히 묵묵히 흐르는 강으로 향한다.
다산이 유배형이 풀린 후 이곳 고향으로 내려와, 때때로 현재의 팔당호를 이루는 저 강물을 바라보며 마음의 평안함을 찾고 스스로에게 새로운 기운을 품었으리라 짐작하는 것은 어렵지 않다. 그가 저 흐르는 강물에서 본 것은 무엇일까. 필자는 그것이 《노자(老子)》에서 말하는 상선약수(上善若水)의 도(道)와 깊이 맞닿아 있다고 생각한다.

"지극히 좋은 것은 물과 같다."

물은 만물을 이롭게 하면서도 다투지 않는다(부쟁, 不爭). 언제나 모든 이가 싫어하는 낮은 곳으로 임한다(처하, 處下). 그렇기에 도에 가깝다고 했다. 물은 자신의 형태를 고집하지 않는다. 네모난 그릇에 담기면 네모가 되고 둥근 그릇에 담기면 둥글어진다. 거대한 바위를 만나면 싸우는 대신 돌아가고, 깊은 골을 만나면 그곳을 다 채우고서야 비로소 다시 흐른다.

혹독한 유배의 시간을 견뎌낸 다산에게, 이 물의 덕목은 남다르게 다가왔을 것이다. 세상의 모든 모욕과 좌절을 견디며 가장 낮은 곳까지 내려갔던 자신의 삶을, 어쩌면 저 물의 흐름에 빗대어 보았을지도 모른다.

자연의 속도는 우리가 생각하는 것보다 상당히 느리다. 우리의 기준으로 생각하면 앞으로 향해 달리기만 하던 내가 잠시 멈춰야, 비로소 다산과 같이 흐르는 강물을 바라보며 마음의 평안을 찾고 삶을 살아나갈 새로운 기운을 품을 수 있다.

자연의 한자 자연(自然)을 풀이해보면 스스로 그러하다라는 뜻이다. 세상의 이치를 거스르지 않으며 순리대로 일생을 풀어간다는 의미가 담겨있다. 자연의 운용 체계를 자세히 살펴보면 공존과 상생을 위해 생물별로 일정한 순환의 주기가 존재한다. 그래서 자연은 각 생물의 순환 체계가 서로 공존하며 거대한 생태계를 이룬다.

그러나 인간의 삶은 자연과 다르게 비(非)순환적으로 일어나는 일들이 더 많은 듯 보인다. 순환적으로 일정한 주기별로 예외 없이 일어나는 일도 있지만, 한 사람의 인생을 살펴봤을 때 비순환적으로 일어나는 일도 상당히 많다. 그래서 사람의 일생에 불안감과 두려움이 존재하는 듯하다. 비순환적으로 일어나는 일을 겪어내기 위해 우리가 준비해야 할 것이 무엇인지 명확하지 않기 때문이다.

이때 상선약수의 지혜가 필요하다. 물은 순환하면서도, 동시에 눈앞의 비순환적인 장애물(바위, 절벽)을 거스르지 않고 그저 순응하며 자신의 길을 간다. 《노자》의 상선약수에 담긴 덕목과 자연에 담긴 뜻을 엮어서 생각했을 때, 이는 불가(佛家)에서 말하는 욕망에 대한 집착을 버리는 것과 연결되기도 한다.

그래서일까? 사람은 강물과 같은 흐르는 것을 바라보며 잠시 멈추었을 때, 스스로를 괴롭히던 많은 번뇌가 사라지고 평온해짐을 느낄 수 있는 것이라 생각한다. 다산도 이를 일찍부터 알고 있지 않았을까? 그가 생을 마감할 때까지 기거했던 여유당과 한강이 멀지 않은 것은, 어쩌면 흐르는 강물을 바라보며 자신을 닦고 마음을 평온하게 만들기 위함이 아니었을까. 이는 개인의 삶을 다스리는 내면의 공부였다.

4. 물을 다스린다는 것
치수(治水)와 공동체의 철학

우리는 다산이 강물을 보며 내면을 닦는 공부, 즉 상선약수의 지혜를 살펴보았다. 물은 순리에 순응하며 스스로를 낮추는 겸손의 스승이었다. 하지만 평생토록 백성의 삶을 자신의 학문적 과제로 삼았던 경세가(經世家) 다산에게, 물은 그저 개인적 성찰의 대상에만 머무를 수 없었을 것이다. 그가 마주한 물은 한가로운 완상의 대상에만 국한되지 않았으며, 그것에 더하여 백성의 구체적인 삶을 지탱하거나 혹은 파괴하는 거대한 힘 그 자체였다.

여기서 우리는 물을 바라보는 또 다른 시선, 즉 다스림의 철학으로서의 치수(治水)와 마주하게 된다.

전근대 왕조사회에서 통치자의 능력을 가늠하는 첫 번째 척도는 바로 이 치수의 능력이었다. 물을 다스리는 일. 농경이 국가 기간산업의 전부나 다름없던 사회에서, 물의 관리는 백성의 생존과 직결된 문제였다. 하늘에서 내리는 비와 강이 범람하는 주기를 제대로 예측하고 대비하지 못하면, 한 해의 농사는 물론이고 백성들의 목숨까지 위태로워졌다. 치수 능력이 떨어져 가뭄이나 홍수에 적절히 대처하지 못하고 국가 경제와 백성들의 삶을 어렵게 하는 왕은, 그 권위를 의심받았다. 물을 다스린다는 것은 곧 통치(統治)의 근본 행위였다.

괜히 정치(政治)라는 말에 다스릴 치(治) 자가 쓰인 것이 아니다. 이 치(治) 자를 자세히 들여다보면, 그 안에는 물 수(水) 변이 자리하고 있다. 이는 동양의 통치 철학에서 정치란 본래 물을 다스리는 일에서 시작되었음을 상징적으로 보여준다. 물길을 바로잡아 백성을 굶주리지 않게 하고(이수, 利水), 홍수로부터 백성을 안전하게 지키는 것(치수, 治水)이야말로 통치의 시작과 끝이었던 셈이다. 여러 나라의 고대 전설이나 신화 속 영웅들이 거대한 홍수를 다스리고 백성을 구원하는 모습으로 등장하는 것도 이러한 중요성과 무관하지 않다.

다산 정약용은 이 치수에 대해 평생을 고찰한 인물이다. 그는 유배지에서도, 그리고 유배가 풀려 돌아온 이곳에서도, 저 도도히 흐르는 강물을 바라보며 개인의 마음을 다스리는 상선약수의 도(道)를 생각하는 동시에, 공동체 전체의 삶을 지탱할 치수의 방도를 함께 고민했을 것이다.

물은 지극히 선하고 부드럽지만, 동시에 가장 무섭고 파괴적인 힘을 지닌 존재이기도 하다. 적절한 비는 만물을 키우는 젖줄이지만, 그 비가 부족하면 모든 것을 말려 죽이는 가뭄이 된다. 넉넉히 흐르는 강은 풍요의 근원이지만, 그 강이 둑을 넘으면 모든 것을 휩쓸어 가는 재앙이 된다. 개인의 성찰 대상이었던 고요한 물이, 이제는 공동체의 생존을 위협하는 거대한 힘으로 그 얼굴을 바꾼다.

다산은 이 물의 두 얼굴을 모두 직시했다. 그가 생각한 치수는 서양의 근대 공학처럼 둑을 높이 쌓고 물길을 억지로 비트는, 자연을 정복하는 방식이 아니었다. 그것은 물의 성질을 깊이 이해하고, 지형의 이치를 따르며, 물이 가진 힘을 거스르기보다 그 힘을 이롭게 활용하는 방식에 가까웠다. 다산에게 물은 다스려야 할 대상인 동시에, 그 다스림의 방법을 가르쳐주는 스승이기도 했다.

이렇듯 다산 생태공원에서 마주하는 저 강물은, 내면의 평온을 주는 상선약수의 도를 보여주지만, 한 공동체에게는 생존을 좌우하는 치수라는 이중적인 과제를 동시에 던져준다. 다산의 위대함은, 그가 이 강물 앞에서 개인적 수양과 공적 책무라는 두 가지 시선을 단 하나도 놓치지 않았다는 데 있을 것이다.

5. 다산이 발견한 자연의 원리
   공존(共存)과 상생(相生)

공동체 모두의 생존을 좌우하는 치수(治水)의 일로 물을 바라본 다산은 이 중대한 치수의 해법을 어디에서 찾았는가. 그는 그 답을 인간의 기술로 자연을 억누르는 데서 찾지 않았다. 오히려 물이 스스로 그러하게(自然) 흐르는 원리, 즉 자연의 운용 방식 그 자체에서 구했다.

다산의 저서들 가운데 치수의 원리를 자연의 체계 안에서 깊이 있게 설명한 것이 있다. 바로 《대동수경(大東水經)》이다. 《대동수경》은 다산이 저술한 우리나라 하천에 대한 지리서다. 이는 물길의 흐름과 경로만을 건조하게 그린 도면이 아니다. 그

물이 어디에서 발원하여 어떤 지형을 만나고, 주변의 흙과 나무, 뭇 생명과는 어떤 관계를 맺으며 바다로 향하는지를 꼼꼼히 살핀, 살아있는 물에 대한 생태적 통찰을 담은 저서이다. 또한 《목민심서》의 천택조(川澤條) 같은 부분에서도 물을 대하는 그의 깊은 사유가 드러난다.

다산은 이 책들에서 치수의 토대는 인간의 의지를 관철하는 것이 아니라, 자연의 공생 체계를 겸허히 따르는 데 있음을 말하고 있다. 그가 오랜 관찰을 통해 파악한 자연은 힘의 정복이나 일방적인 지배로 유지되는 곳이 아니었다. 그것은 오히려 자연이 본래 추구하는 느림과, 일정 주기에 따른 순환 안에서 각자의 자리를 지키며 서로 기대어 살아가는 거대한 균형의 체계였다.

여기서 주목해야 할 부분은 바로 이 자연의 공생 체계이다. 자연은 서로가 다른 생물의 영역을 함부로 침범하지 않으면서, 서로에게 도움이 되는 상생(相生)의 방향으로 관계를 맺으며 거대한 질서를 구축했다. 숲 안의 나무는 홀로 서 있는 듯 보이지만, 그 뿌리로는 물을 머금어 땅의 무너짐을 막아주고 홍수를 늦춰준다. 그 물은 다시 땅을 적시며 수많은 작은 생명을 키워낸다. 어느 것 하나 홀로 존재하지 않고, 모든 것이 그물망처럼 연결되어 서로를 살린다.

다산이 파악한 치수의 핵심은 이 상생의 원리를 거스르지 않는 것이었다. 물길을 억지로 틀어막고 높은 둑을 쌓아 물의 힘을 억누르는 것은 당장은 효과가 있어 보일지 몰라도, 언젠가는 그 억눌린 힘에 의해 더 큰 재앙을 맞게 됨을 그는 알았다. 물은 지극히 유연하지만, 또한 거대한 힘을 가졌기 때문이다. 따라서 물을 다스리는 길은 물과 맞서는 것이 될 수 없었다. 물이 안전하게 흐를 수 있는 길을 열어주고, 물이 잠시 머물러 갈 숨을 터주는 것이었다.

앞서 언급한 상선약수가 스스로를 닦는 수양의 지혜였다면, 공존과 상생은 공동체 모두의 안녕을 위한 실천적 지혜로 확장되는 개념이다.

다산의 삶에 대한 태도를 잘 생각해보면, 이 공존과 상생으로 결부되는 부분이 많다. 무엇보다 그가 평생을 바친 실학(實學)이 태생적으로 품고 있는 철학과 삶에 대한 태도에 공존과 상생은 빠지지 않는다. 그리고 다산이 일생 동안 추구했던 뜻과 철학을 꼼꼼히 살펴보면, 그것이 자연을 대하는 태도이든 사람을 대하는 태도이든, 그 근본에는 함께 살아가야 한다는 원리가 깔려있다.

하지만 전근대 사회에서 어렴풋하게나마 이뤄지던 자연과 사람의 공존, 그리고 사람들 간의 상생이, 산업사회에 접어들면서 점점 그 모습을 감추었다. 그리고 현재는 상생과 공존보다 각자도생(各自圖生)이 미덕처럼 여겨지는 사회가 된 듯하다. 과연 다산 선생이 지금의 이런 모습을 봤으면 무어라 했을까 깊이 궁금해진다.

그렇기에 우리는 이곳 생태공원에서, 그리고 다산이 남긴 사유에서, 자연이 품고 있는 이 상생과 공존의 지혜를 다시금 배우고 익혀야 할 것이다.

6. 다시, 대동(大同)의 세상을 향하여

5장에서 우리는 다산이 자연의 질서에서 공존(共存)과 상생(相生)의 원리를 발견했음을 살펴보았다. 이 지혜는 자연의 이치를 설명하는 데 그치지 않는다. 이는 다산이 평생을 두고 꿈꾸었던 대동(大同)의 세상을 이루는 근본 바탕이기도 했다. 다산이 바랐던 공존과 상생의 세상은, 바로 모두가 함께 어우러져 잘사는 대동의 세상과 다르지 않았다. 다산이 꿈꾼 세상은, 자연의 질서처럼, 어느 한쪽이 다른 쪽을 일방적으로 착취하거나 억압하는 세상이 아니었다. 모든 존재가 제자리를 지키며 서로를 이롭게 하는 조화의 상태, 그것이 그의 경세학이 지향한 궁극의 모습이었을 것이다.

이 대동의 이념은 각자도생(各自圖生)의 모습과 정면으로 배치된다. 1장에서 말한 우리 시대의 두 가지 위기, 즉 기후의 재앙과 내면의 황폐함은 어쩌면 이 공존과 상생의 원리가 무너졌기 때문에 발생한 필연적 결과일지도 모른다. 자연과의 공존을 잊은 인류는 기후위기를 맞이했고, 사람 사이의 상생을 잃은 사회는 삭막함에 잠기게 되었다. 자연을 도구로만 여긴 오만함이 외부의 생태계를 파괴했다면, 타인을 경쟁의 상대로만 여긴 이기심은 우리 내부의 공동체를 무너뜨렸다.

그렇다면 다산의 지혜는 지금 우리에게 어떤 길을 제시하는가. 그것은 바로 무너진 관계를 회복하는 일에서 시작해야 한다는 것이다. 이 회복의 길은 두 방향으로, 그러나 결국 하나의 길로 나아가야 한다.

먼저, 첫 번째 방향은 자연과의 공존을 회복하는 것이다. 이것이 이 시대에 우리 모두에게 주어진 새로운 치수(治水)의 과제이다. 과거의 치수가 물을 다스려 홍수와 가뭄을 막고 백성의 삶터를 지키는 일이었다면, 지금의 치수는 우리 자신의 욕망과 삶의 방식을 다스려 기후의 재앙을 막고 인류의 삶터 전체를 지키는 일이다. 기후위기를 극복하기 위해 일상에서 행하는 작은 실천들은, 겉으로 보기에 사소할지라도, 결코 사사로운 일이 아니다. 그것은 4장에서 말한 통치자의 책무였던 치수가, 이제는 문명 전체의 생존을 위해 우리 모두의 책무가 되었음을 인정하는 행위이다. 이는 함께 살기 위한 현대적 치수의 첫 걸음이다.

다음으로, 사람들 사이의 상생을 회복하는 일이다. 이는 3장에서 말한 상선약수(上善若水)의 덕을 우리 삶의 현장에서 실천하는 것과 같다. 물이 만물을 이롭게 하면서도 다투지 않고(不爭) 기꺼이 낮은 곳으로 흐르듯(處下), 타인을 배려하고 더불어 살아가려는 마음가짐이 바로 상생의 실천이다. 필자가 생각하는 대동의 세상 또한 거창한 구호나 제도로 하루아침에 이루어지는 것이 아니다. 이렇듯 삭막한 각자도생의 세태 속에서, 스스로 몸을 낮추어 서로가 서로에게 조용히 스며들어 이롭게 하는 물과 같은 존재가 되어주는 것. 그것이 무너진 공동체를 되살리는 힘이 될 것이다.

다산이 생태계에서 얻은 삶의 지혜, 공존과 상생은 이처럼 둘로 나뉘지 않는다. 자연과 공존하고 사람과 상생하는 것. 이 두 가지는 사실상 하나의 뿌리에서 나온, 같은 지혜의 두 얼굴이다. 자연과 공존하지 못하는 이기심으로 어찌 타인과 상생할 수 있으며, 타인과 상생할 줄 모르는 마음으로 어찌 자연과 공존할 수 있겠는가.

이것이야말로 다산이 여유당에서 저 도도히 흐르는 강물을 바라보며 평생에 걸쳐 다듬었을 경세학의 결론이었을지 모른다. 다산 생태공원을 거닐며, 우리는 그가 그토록 염원했던 함께 잘사는 세상을 향해 지금 우리가 서 있는 자리에서 무엇을 해야 하는지 다시금 되새기게 된다. 멈춤의 공간에서 흐르는 강물을 보며, 우리는 잊혔던 자연의 원리를 배우고, 그 원리 위에서 새로운 공동체의 길을 찾아야 할 것이다.

다산의 산책 노트 ❻

삶의 순환과 대동의 세상을 꿈꾸다

다산은 자연의 순환 속에서 공존과 상생의 지혜를 발견했다. 인간의 삶 역시 순환과 비순환이 교차하며, 그 속에서 우리는 모두가 잘사는 대동의 세상을 지향한다.

 내 인생을 지켜주는 순환의 고리는?

자연은 일정한 순환의 주기로 공존과 상생의 생태계를 이룬다. 사람의 삶에는 예측 불가능한 비순환적 일도 많지만, 삶을 지탱해주는 순환적인 일들 또한 분명히 존재한다. 자신의 인생을 지켜주는 순환적인 일에는 무엇이 있는지 적어보자.

내가 생각하는 공존과 상생의 대동 세상은?

다산은 자연 생태계에서 공존과 상생의 지혜를 얻었다. 그가 바랐던 대동의 세상은 모두가 함께 잘사는 세상이다. 자신이 생각하는 공존과 상생의 대동 세상은 어떤 모습인지 곰곰이 생각해보고 적어보자.

여섯 번째 산책로

능내역 폐역
시작과 끝이 만나는 지점

> "길에 금기가 있다 하여 정로를 버리고 돌아가지 말라.
> 바른 길로 가서 헛된 미신을 깨뜨려라."
>
> 道路所由, 其有忌諱.
> 舍正趨迂者, 宜由正路, 以破邪怪之說.
> —『목민심서』〈부임〉.

산책의 마지막은 다시 능내역 폐역이다. 이 긴 여정을 시작했던 바로 그 장소에 다시 섰다. 눈에 보이는 녹슨 철길과 낡은 역사는 처음과 같지만, 이곳을 받아들이는 마음은 전과 같지 않다. 처음 이곳은 모든 길이 끊어진 절망의 상징이었다. 그의 정치 생명이 멈춘, 더 이상 나아갈 곳 없는 막다른 곳처럼 보였다.

하지만 다산의 고통스러운 등을 따라 그의 삶을 걷고 난 뒤 돌아온 이곳은, 완전히 다른 의미로 다가온다. 이곳은 절망의 끝이 아니라, 새로운 길이 시작될 수밖에 없었던 필연적인 출발점으로 보인다. 그의 삶이 증명하듯, 세상으로 나아가던 길이 끊겼기에 그는 새로운 길을 열 수 있었다.

그에게 만약 관직에서의 실패가 없었다면, 그토록 거대한 학문적 완성 또한 없었을 것이다. 인생에서 마주하는 폐역은 모든 것의 끝을 의미하지 않는다. 그것은 지금까지와는 다른 방향으로 나아가야 할 때가 왔음을 알리는 신호이다. 이 산책의 끝은, 각자의 자리로 돌아가 자신만의 새로운 걸음을 내딛는 또 다른 시작이다.

시작과 끝, 능내역 폐역

1. 멈춘 시간 위에 새로운 숨을 불어넣다

옛 어른들 말씀에 개똥도 약에 쓰려면 없다는 말이 있다. 참으로 재미있는 표현이다. 평소에는 그저 길바닥에 널려 있어 눈길 한번 주지 않던, 하찮고 어찌 보면 더럽기까지 한 그것조차도, 막상 꼭 필요한 순간이 닥치면 귀하게 쓰일 데가 있다는 뜻일 것이다. 이 속담은 우리에게 세상 만물에 쓸모없는 것이란 본래 없으며, 모든 것에는 그 나름의 가치와 존재 이유가 있음을 소박하게 일깨워준다. 우리가 무언가를 쓸모없다고 규정하는 것은, 어쩌면 그것의 참된 가치를 아직 발견하지 못했거나, 그것이 필요한 때를 만나지 못했을 뿐이라는 이야기다.

이 말과 결은 조금 다르지만, 잊히거나 낡은 것을 다시금 돌아보게 만드는 묵직한 고사성어가 하나 떠오른다. 바로 온고지신(溫故知新)이다. 공자께서 말씀하신 이 네 글자는 옛 것을 익히고 그것을 미루어 새것을 안다는 배움의 자세를 뜻하기도 하고, 더 나아가 오래된 것을 바탕으로 새로운 가치를 창조한다는 지혜를 의미하기도 한다. 오래 사용하여 시간이 흘렀고, 이제는 그 기능이 다한 듯 보이는 것도 다시금 애정 어린 눈으로 자세히 들여다보면, 그 안에서 새로운 역할과 기능을 찾아낼 수 있음을 일깨워주는 말이다.

모든 것이 숨 가쁘게 변하고, 어제 가졌던 물건이 금세 낡은 것이 되어버리는 흐름 속에서, 낡음은 종종 버려야 할 것, 극복해야 할 것으로 여겨지곤 한다. 하지만 낡음이 품고 있는 시간의 결, 그 안에 쌓인 수많은 이야기를 제대로 읽어낼 때, 우리는 비로소 그 무엇과도 바꿀 수 없는 새로운 가치를 발견하곤 한다. 새것은 낡은 것을 부정한 자리에서 태어나는 것이 아니라, 낡은 것이 쌓아 올린 토대 위에서 비로소 싹을 틔우는 것일지도 모른다.

우리가 지금 발을 내디딘 이 다산 산책길, 그 여정의 시작과 매듭이 된 능내역(陵內驛)이 바로 그런 온고지신의 지혜를 곰곰이 생각하게 만드는 곳이다. 이곳은 본래 경기도 남양주시 조안면에 소박하게 자리한 중앙선의 작은 신호장이었다. 1956년에 문을 열었으니, 반세기가 넘는 시간 동안 기차가 멈추고, 사람이 오가고, 저 멀리서 온 물자들이 부려지던 삶의 터전이었다. 느리게 달리던 기차는 이곳에서 잠시 숨을 골랐고, 강 건너 마을로 가는 이들이 나루터로 향하는 길목이 되어주기도 했다.

그러나 시간의 흐름은 이 작은 간이역도 비켜 가지 않았다. 2008년 12월 29일, 더 빠르고 편리한 중앙선 광역전철이 국수역까지 길게 이어지면서, 이곳 능내역은 기차가 서지 않는 역이 되었다. 역(驛)으로서의 생명이 끝난 것이다. 사람들의 발길은 새로 문을 연 운길산역으로 향했고, 능내역은 시간의 뒤편으로 밀려난 채 고요히 멈춰 섰다. 더는 기적 소리가 울리지 않고, 매표소의 창구도 굳게 닫혔다.

하지만 사람들은 이 낡은 역을, 쓸모를 다했다는 이유로 허물어 없애는 길을 택하지 않았다. 대신 그 멈춘 시간의 공간에 새로운 숨을 불어넣기로 했다. 역사는 말끔히 단장되어, 이제는 기차를 기다리는 승객이 아니라 강변을 따라 걷거나 자전거를 타는 이들의 아늑한 쉼터가 되었다. 빛바랜 시간표와 낡은 나무 의자는 그 자체로 하나의 볼거리가 되어, 지나간 시절의 추억을 가만히 들려준다.

기차가 달리던 녹슨 철길은 어떻게 되었을까. 굉음과 진동을 실어 나르던 그 길은 이제 자전거가 상쾌한 바람을 가르며 달리는 쾌적한 길이 되었다. 폐역(廢驛)이 된 능내역은 그렇게 남양주역사박물관이라는 새로운 이름의 일부이자, 관광자원이라는 역할로 다시 태어났다.

사실 우리나라에서 폐역을 활용하는 일은 종종 볼 수 있다. 많은 이들이 폐철로를 이용한 레일바이크를 떠올릴 것이다. 전국에 문 닫은 여러 역이 그와 비슷한 방식으로 사람들을 다시 불러 모으고 있다.

그러나 이곳 능내역의 변화는 조금 더 다른 무게로 다가온다. 그저 즐길 거리를 제공하는 유원지를 만든 것이 아니기 때문이다. 이곳은 레일바이크처럼 무언가를 바삐 즐기는 곳이기 이전에, 멈춰선 시간의 한 단면을 가만히 들여다보게 하는 힘이 있다. 대합실에 앉아 창밖을 바라보면, 기차는 오지 않지만 강물은 여전히 유유히 흐르고, 철길을 따라 사람들의 두 발이, 혹은 두 바퀴가 끊임없이 오가는 것을 보게 된다.

우리는 보통 낡은 것을 고쳐 쓸 때, 그 본래의 기능을 어떻게든 되살리려 애쓴다. 그릇이 깨지면 붙여서 다시 그릇으로 쓰고, 옷이 해지면 꿰매어 다시 옷으로 입으려 한다. 그

것이 물자를 아끼는 미덕이라 배워왔다. 하지만 능내역의 변화는 그런 차원의 복원이나 수리가 아니다.

역이라는 본래의 기능, 즉 기차가 오가는 교통의 역할은 완전히 소멸했다. 기차는 영영 이곳에 서지 않을 것이다. 그 대신, 이곳은 기차가 다녔던 길이라는 옛 기억(古)을 고스란히 간직한 채, 사람들이 풍경을 즐기며 걸어가는 길(新)이라는 전혀 다른 가치를 얻었다. 쇠와 자갈로 이루어진 차가운 철길은, 두물머리의 아름다운 물길을 따라 유유히 사색을 즐기는 따뜻한 산책로가 되었다. 이것이야말로 낡은 것의 본질을 꿰뚫어 새로운 쓰임을 찾아낸 온고지신의 참된 실천이 아닐까 한다.

온고지신이란, 이처럼 옛것을 그저 본뜨거나 낡은 모습 그대로 보존하는 일에 그치지 않는다. 옛것에 담긴 본질적인 가치를 이해하고, 그것이 지금을 살아가는 우리에게 어떤 의미를 줄 수 있는지 깊이 헤아려, 새로운 쓰임과 역할을 부여하는 창조적인 행위다. 능내역은 교통이라는 과거의 임무를 휴식과 사색이라는 현재의 역할로 훌륭하게 바꾸어냈다. 기계 소음이 가득했던 공간은 새소리와 바람 소리, 그리고 사람들의 나지막한 이야기 소리가 머무는 여유의 공간이 되었다. 우리가 걷는 이 다산 산책길의 어귀에서 만난 능내역은, 그래서 우리에게 묵직한 화두를 던져준다. 낡음과 새로움은 과연 서로 등 돌리고 선 반대말일까? 어쩌면 가장 빛나는 새로움이란, 낡음의 토대 위에서만 비로소 단단하게 피어나는 꽃은 아닐까? 이 낡은 간이역은 바로 그 이치를 묵묵히 온몸으로 보여주고 있다.

2. 낡은 치마폭에 담긴 아버지의 마음
다산의 첫 번째 온고지신, 하피첩

앞서 우리는 능내역이라는 멈춰선 공간이 철길이라는 옛 쓰임을 산책길이라는 새 역할로 바꾸어낸 모습을 살펴보았다. 이처럼 낡은 것에 새 숨을 불어넣는 지혜는, 이 다산의 길을 걷는 내내 우리가 마주하게 될 커다란 화두다. 그리고 이러한 태도는 이 지역과 떼려야 뗄 수 없는 인물, 다산(茶山) 정약용 선생의 삶 자체를 관통하는 것이기도 했다.

다산 선생의 삶은 영광스러운 순간도 있었지만, 기나긴 시련의 시간이기도 했다. 특히 그가 겪은 유배형(流配刑)은 한 인간이 감내하기 어려운 고난이었다. 조선시대의 유배란 거주지를 옮기는 형벌을 통해, 법적으로 누리던 모든 사회적 지위와 혜택을 박탈당하는 것은 물론, 정치의 중심에서 완전히 잊히는 것을 의미했다. 더불어 이는 혹독한 경제적 궁핍을 동반했다. 한때 나라의 녹을 받던 사대부가 하루아침에 생계를 걱정해야 하는 처지로 내몰리는 것이다.

다산이 머나먼 유배지에서 그토록 힘겨운 시간을 보내고 있을 때, 고향에 있는 부인이 소포를 하나 보내왔다. 그 안에는 남편을 향한 그리움과 걱정이 담긴 이런저런 물건들이 들어 있었을 것이다. 그리고 그중에는 빛이 바래고 낡을 대로 낡은 부인의 붉은 비단 치마가 하나 있었다. 시집올 때 입었던 혼례복이었을지도 모른다. 이제는 더 입을 수도 없을 만큼 해진 그 치마는, 어쩌면 부부가 함께했던 행복한 시절의 아련한 증표였을 것이다.

다른 이의 눈에는 그저 버려야 할 헌 옷 조각에 불과했을지도 모른다. 하지만 다산은 그 낡은 치마를 받아 들고 깊은 생각에 잠겼다. 이 궁핍한 유배지에서, 멀리 떨어져 있는 두 아들에게 아버지로서의 도리를 다할 방법을 고민했다. 그는 붓을 들고 먹을 갈았다. 그리고 부인의 낡은 치마를 조심스럽게 잘라 작은 책의 형태로 만들었다. 종이 한 장이 귀했던 시절, 그는 이 낡은 비단 치마폭(古)을 아들들에게 가르침을 전할 책(新)으로 다시 태어나게 한 것이다.

이것이 바로 하피첩(霞帔帖)이다. 하피(霞帔)는 노을빛 붉은 치마라는 뜻이니, 그 이름 자체에 이 유물의 근원이 담겨 있다. 그는 이 비단 조각 위에 붓글씨로 두 아들에게 아버지가 평생에 걸쳐 깨달은 삶의 교훈과 가르침을 빼곡히 적어 내려갔다. 유배지에 홀로 떨어져 있어 직접 아들들의 성장을 곁에서 돌보고 훈육할 수는 없었지만, 이 서첩을 통해 아버지의 역할을 다하고자 했던 것이다.

우리는 이 하피첩을 통해 온고지신의 또 다른 모습을 생각해볼 수 있다. 능내역의 경우가 물리적 공간의 기능 변환이었다면, 하피첩은 물질의 승화라 할 만하다. 이는 첫째로 다산이 지녔던 물자 절약의 태도를 보여준다. 예나 지금이나 한 가정이 경제적으로 독립되지 못한다면 삶은 위태롭기 마련이다. 모든 것이 박탈당한 유배지의 형편에서, 다산은 낡은 치마조차 허투루 보지 않고 그것의 새로운 쓰임을 찾아냈다. 쓸모없어 보이는 것에서 귀중한 가치를 발견해낸 것이다.

둘째로, 여기에는 두 아들을 향한 아버지의 절절한 사랑이 담겨 있다. 하피첩에 담긴 글들은 학문적인 지식을 열거함으로써 두 아들이 앞으로 인생을 살아가면서 어떤 태도를 가져야 하고, 어떤 덕목을 지니고 살아야 하는지를 타이르는 아버지의 목소리 그 자체였다. 멀리서 아들들이 엇나가지 않고 바르게 자라주기를 바라는 그 마음을, 어머니의 체취가 묻어있는 낡은 치마폭에 담아 보낸 것이다.

다산이 훗날 시집가는 딸에게 그려 보낸 그림의 기록을 보면, 이 하피첩은 본래 네 권이 만들어졌음을 알 수 있다. 그러나 안타깝게도 지금 우리에게 전해지는 것은 세 권뿐이다. 이 귀중한 유물은 현재 국립민속박물관에 소장되어 있으며, 예전에 이를 기념하는 특별전시가 열려 많은 사람에게 그 사연을 알리기도 했다.

오래된 문화유산으로만 인식되는 하피첩은 낡고 해진 천 조각이라는 옛것(古)에, 자식에 대한 사랑과 가르침이라는 새로운 뜻(新)을 불어넣어 탄생한 온고지신의 결정체다. 또한, 가장 어려운 시절에도 물질을 아끼고 소중히 여겼던 절약의 태도, 그리고 그 모든 것의 바탕이 된 가족에 대한 사랑이 오롯이 담겨있는 산 증거물이다. 우리가 능내역 어귀에서 떠올린 온고지신의 지혜가, 이미 오래전 다산의 삶 속에서 이토록 절실하게 실천되고 있었다는 것을 알 수 있다.

3. 옛 문헌에서 백성을 위한 기술을 찾다
다산의 두 번째 온고지신, 거중기와 배다리

우리가 2장에서 살펴본 하피첩이 낡은 치마폭에 아버지의 절절한 마음을 담아낸, 지극히 개인적이면서도 내면적인 온고지신의 실천이었다. 하지만 다산의 지혜는 결코 그곳에만 머무르지 않았다. 그의 학문은 서재 안의 울타리를 넘어, 백성들의 삶이 펼쳐지는 현실의 한복판, 나라의 거대한 과제를 해결하는 공적인 무대로 힘차게 나아갔다.

당시 임금이었던 정조는 아버지 사도세자의 명예를 회복하고 그 숭고한 뜻을 기리며, 나아가 백성들과 더불어 새로운 시대를 열고자 하는 자신의 꿈을 담아 거대한 사업을 구상했다. 그것이 바로 수원 화성(華城)의 축조였다. 화성의 축조는 임금이 임시로 머물 행궁을 짓고, 군사적 요새의 기능을 갖추며, 백성들이 모여 사는 새로운 상업 도시의 기반을 닦는, 그야말로 나라의 역량을 총동원해야 하는 대역사였다.

하지만 이러한 거대한 건축 사업에는 반드시 넘어야 할 큰 산이 있었다. 바로 막대한 노동력과 천문학적인 비용이었다. 산을 깎아 거대한 돌을 떠내고, 그것을 수십 리 밖의 공사 현장까지 운반하며, 다시 그 무거운 돌들을 까마득히 높은 성벽으로 쌓아 올려야 했다. 이 모든 과정에는 수만 명의 인력이 필요했으며, 그들이 감당해야 할 고된 노동과 희생은 불 보듯 뻔했다. 정조는 이 큰 공사를 지휘할 책임자 중 한 명으로 젊은 다산을 임명했다. 그리고 그에게 이 중대한 과업을 완수하되, 백성들의 노고를 최소화하고 나라의 재정을 아낄 수 있는 효율적인 방안을 찾으라는 어려운 명을 내렸다.

이때 다산이 주목한 것은, 완전히 새로운 것을 창조해 내는 일이 아니었다. 그는 오히려 옛 문헌에서 그 해법을 찾고자 했다. 그가 깊이 파고든 책은 뜻밖에도 조선의 것이 아닌, 이미 100여 년 전에 청나라를 통해 들어온 서양의 과학 기술서, 《기기도설(奇器圖說)》이라는 책이었다.

당시 조선의 상황은 학문적 성숙도에 비해 실용적인 과학 기술의 발전이 다소 더딘 면이 있었다. 그렇기에 《기기도설》은 비록 오래된 책이었으나(古), 다산에게는 새로운 원리를 가르쳐주는 빛나는 교과서가 되었다. 그 책 속에는 도르래의 원리, 지렛대의 원리처럼 적은 힘으로 무거운 물체를 다루는 서양의 기계 공학 지식이 그림과 함께 상세히 담겨 있었다.

다산은 이 문헌에 기록된 원리를 맹목적으로 추종하거나 그대로 베끼지 않았다. 그는 이 옛 지식(古)을 조선의 현실과 기술 수준에 맞게 변용하고 융합하는 창조적 과정을 거쳤다. 우리나라에도 이미 존재하던 물레(실을 뽑아내는 기구)의 원리처럼 익숙한 기술들을 그 새로운 원리와 결합시킨 것이다.

그렇게 탄생한 것이 바로 거중기(起重機)라는 놀라운 발명품(新)이었다. 거중기는 그야말로 화성 축조 현장의 풍경을 완전히 바꾸어놓았다. 이 새로운 기계는 단 몇 사람의 힘만으로도 수백, 수천 근이 나가는 거대한 성벽 돌을 마치 가벼운 물건처럼 번쩍 들어 올릴 수 있게 했다.

이 발명품의 등장은 즉각적인 효과를 가져왔다. 산더미 같은 돌을 옮기기 위해 수백 명이 달라붙어 끙끙대던 일이 몇 사람의 조작으로 가능해지니, 공사에 필요한 노동력이 획기적으로 절감되었다. 자연스럽게 공사 기간도 본래 예상했던 것보다 훨씬 단축되었다.

이것이 왜 백성을 위한 일이었는지는 당시의 기록이 더욱 분명하게 보여준다. 《화성성역의궤(華城城役儀軌)》라는 기록에 따르면, 화성 공사에 동원된 인부들은 과거처럼 강제로 끌려온 백성들이 아니라, 모두 나라에서 정당한 보수, 즉 임금을 받고 일하는 임노동자였다.

거중기의 발명으로 노동력과 공사 기간이 줄었다는 것은, 곧 나라의 재정 지출, 즉 공사비용이 대폭 감소했음을 의미했다. 거중기는 단지 인부들의 고된 육체노동을 덜어주었을 뿐만 아니라, 그들에게 정당하게 돌아갈 품삯의 재원인 나라의 곳간을 아끼게 한 것이다. 과학 기구의 발명이 백성들의 삶에 직접적인 경제적 이로움을 가져다준 훌륭한 사례다.

다산의 실용적인 지혜는 여기서 그치지 않았다. 정조가 완공된 화성으로 성대한 행차를 할 때, 반드시 건너야 하는 큰 장애물이 바로 한강이었다. 수천 명의 행렬과 그들이 실어 나르는 막대한 물자가 이 넓은 강을 건너는 것은 보통 일이 아니었다.

정조는 또다시 다산에게 이 문제를 해결할 다리를 만들라 명했다. 이때에도 다산은 막대한 비용과 시간을 들여 강물 위에 거대하고 영구적인 다리를 놓는 방식을 택하지 않았다. 그가 고안한 것은 바로 배다리(舟橋)였다.

이 또한 온고지신의 빛나는 지혜다. 그는 강 위에 이미 떠 있던 기존의 배들(古)을 십분 활용했다. 수많은 배를 튼튼하게 이어 붙이고 그 위를 평평하게 덮어, 임금의 행렬이 마치 평지를 걷듯 안전하고 신속하게 강을 건널 수 있는 임시 다리(新)를 만들어낸 것이다. 이 배다리는 정조의 성대한 행차가 무사히 끝난 뒤 다시 해체되었고, 배들은 본래의 역할로 돌아갔다. 단 한 번의 행사를 위해 나라의 재정을 낭비하지 않은, 지극히 실용적이고 효율적인 방식이었다.

하피첩이 낡은 천에 아버지의 사랑을 담아낸 마음의 온고지신이었다면, 거중기와 배다리는 낡은 지식과 기존의 사물에서 새로운 쓰임을 찾아내 백성의 삶을 이롭게 한 기술의 온고지신이었다. 다산에게 옛것을 익히는 지혜는 언제나 사람을 향해 있었고, 백성들의 고단함을 조금이라도 덜어주고 나라의 살림을 아끼고자 하는 애민(愛民)의 실천 방편이었다.

4. 철길에서 사람의 길로
   능내역의 변용과 상통

다산의 삶에서 빛나는 지혜의 두 단면, 즉 낡은 치마폭에 아버지의 사랑을 새긴 하피첩과 옛 문헌에서 백성을 이롭게 할 기술을 찾아낸 거중기를 가슴에 품고, 우리는 다시 지금 발 딛고 서 있는 이곳 능내역을 바라본다. 다산이 몸소 보여준 것은 낡은 것을 아끼고 소중히 여기는 마음(하피첩)과, 그것을 현실의 삶 속에서 만인을 위해 이롭게 쓰는 실천(거중기)이었다.

그렇다면 이 낡은 폐역은, 기차가 멈춘 이 공간은 지금 우리에게 무엇을 말해주고 있는가? 다산이 실천했던 그 온고지신의 지혜가 세월을 건너 이 땅 위에 어떻게 구현되어 있는가? 이러한 지혜의 작동 원리는 변용(變用)과 상통(相通)이라는 두 낱말로 조금 더 깊이 있게 설명할 수 있다.

우선 기존에 있던 사물이나 문물을 그저 낡은 모습 그대로 보존하거나 고쳐 쓰는 것은 변용이라고 할 수 없다. 변용이란 대상의 본질을 꿰뚫어 본 뒤, 지금 시대의 필요에 맞게 그 기능과 역할을 완전히 새롭게 거듭나게 하는 창조적 변화이다. 또한 상통이란 그렇게 새롭게 태어난 가치가 몇몇 사람의 것으로만 닫힌 채 머무는 것이 아니라, 널리 세상 사람들과 만나고 통하여(通) 그들에게 이로움을 주는 것을 의미한다.

능내역의 변화는 이 변용의 참으로 훌륭한 본보기다. 기차가 굉음을 내며 달리던 철길이라는 기존의 역할(古)은 시대의 흐름 속에서 그 수명을 다했다. 사람들은 이 쓸모를 다한 길을 억지로 되살리려 하지 않았다. 만약 이곳에 낡은 기차 모형을 가져다 놓고 과거를 재현하는 데 그쳤다면, 그것은 보존은 될지언정 변용이라 부르기는 어려웠을 것이다.

대신 사람들은 이 길의 새로운 쓰임을 찾아냈다. 바로 강변의 아름다운 풍경을 따라 걷고, 자전거를 타며, 잠시 숨을 돌릴 수 있는 쉼터이자 산책길이라는 전혀 다른 역할(新)을 부여한 것이다. 쇠와 자갈로 이루어진 딱딱하고 차가운 기반은 그대로 두되, 그 위에 휴식과 사색, 건강이라는 새로운 의미를 덧씌웠다. 교통이라는 과거의 기능은 문화라는 현재의 기능으로 변용되었다.

그리고 이 성공적인 변용은 곧바로 상통으로 이어졌다. 만약 이 길이 아름답게 꾸며졌음에도 아무도 찾지 않는 텅 빈 공간으로 방치되었다면, 그것은 반쪽짜리 성공에 그쳤을 것이다. 하지만 이 낡은 철길은 주말이면 수많은 사람이 일부러 찾아와 걷고, 가족과 연인이 함께 자전거를 타며, 곁에 유유히 흐르는 강물과 멀리 솟은 산의 아름다움을 누리는 모두의 길이 되었다.

낡은 철길은 더는 과거의 유물로 닫혀 있지 않고, 현재를 살아가는 사람들의 삶과 활발하게 만나고 소통하는(相通) 열린 공간이 된 것이다. 바로 이 지점에서 우리는 다산의 지혜와 다시 마주한다. 다산이 거중기를 만들어 수만 명 백성의 노고를 덜고 나라의 재정을 아꼈던 것처럼, 능내역의 재탄생 역시 최소한의 변화로 낡은 사회 기반 시설을 사람들에게 유익하고 즐거운 공간으로 되돌려주었다. 백성을 향했던 다산의 실용적인 지혜가, 시대를 건너 이곳에서 시민을 향하는 현대적 방식으로 다시 구현된 셈이다.

결국 온고지신이란, 낡은 것을 그저 오래되었다는 이유로 박물관의 유리 상자 안에 가두었던 과거의 것을 지금 우리의 삶 한

복판으로 과감히 끌어내어, 새로운 시대에 맞는 새로운 쓰임을 부여하고, 그 이로움을 더 많은 사람과 함께 나누는 살아있는 지혜인 것이다. 능내역은 기차가 아닌 사람이 주인공이 되는 길로 스스로를 변용시킴으로써, 다산이 그토록 중시했던 사람을 향하는 따뜻한 가치를 훌륭하게 이어받고 있다.

5. 전통의 현을 울려 현대를 노래하다
   온고지신의 확장

능내역이라는 낡은 폐역은 변용과 상통이라는 지혜를 통해 사람들의 쉼터로 거듭났다. 하지만 이러한 이치는 비단 이 폐역한 곳에만, 혹은 저 먼 옛날 다산의 시대에만 머물러 있는 화석 같은 것이 아니다. 낡은 것에서 새로운 가치를 찾아내어 더 많은 이와 나누고자 하는 이 지혜의 흐름은, 지금 우리가 살아가는 시대의 여러 갈래에서도 여전히 면면히 이어지고 있다.

이러한 변용의 노력은 특히 예술 분야, 그중에서도 우리의 전통음악인 국악(國樂)의 세계에서 더욱 깊은 고민과 함께 활발하게 일어나고 있다. 국악은 그 이름이 말해주듯 나라의 음악이며, 수백 수천 년 이어져 온 우리의 소중한 자산이다. 하지만 옛것이라는 그 무게감 때문에, 때로는 지금 시대의 사람들에게서 고루하다거나 지루하다는 안타까운 오해를 받기도 한다.

전통은 지키는 것만으로 그 생명력을 이어갈 수 있을까? 만약 그 소리가 그것을 향유해야 할 사람들의 마음과 상통하지 못하고 그저 박물관의 유리벽 안에 갇히게 된다면, 그것을 과연 살아있는 전통이라 부를 수 있을까? 여기서 국악을 하는 이들은 다산이 그러했듯, 낡은 것의 본질은 지키되 그것을 새로운 시대와 만나게 할 변용의 길을 고민했다.

그 대표적인 사례가 바로 가야금이라는 악기에서 찾을 수 있다. 우리가 익히 아는 전통 가야금은 본래 열두 줄(古)로 이루어진 악기다. 그 맑고 청아한 소리는 우리 민족의 정서를 오랫동안 어루만져 왔다. 하지만 이 열두 줄이 내는 5음계(五音階) 중심의 음계 구성은, 그 자체로 완결성을 지니고 있으면서도 한편으로는 표현의 한계를 가졌다. 특히 서양 음악에서 사용하는 8음계와 다양한 반음들을 자유롭게 넘나들며 어우러지기에는 그 구조가 달랐다.

바로 이 지점에서 변용의 지혜가 발휘된다. 누군가는 감히 전통의 형태를 바꾼다며 손가락질했을지도 모른다. 하지만 진정으로 전통을 사랑하는 이들은, 그 아름다운 소리를 더 넓은 세상에 전하기 위해 과감한 변화를 택했다. 그렇게 탄생한 것이 바로 25현 가야금(二十五絃 伽倻琴)(新)이다.

열두 줄이던 현을 스물다섯 줄로 늘리고 그 배열을 바꾼 것은 얼핏 보면 줄의 개수만을 더한 것처럼 보이나, 이 악기는 놀라운 변화를 맞이했다. 5음계의 틀을 벗어나 서양의 8음계와 복잡한 화음까지도 자유롭게 연주할 수 있는, 무한한 가능성을 지닌 새로운 악기로 다시 태어난 것이다.

이 변용이 가져온 상통의 결과는 실로 놀라웠다. 우리의 가야금이 이전에는 상상하기 어려웠던 거대한 서양의 관현악 오케스트라와 당당히 마주 앉아 협연을 펼칠 수 있게 되었던 것이다. 동양의 낡은 악기가 서양의 교향곡과 어우러져 장엄한 화음을 만들어내는 것이다.

이것은 옛것을 버리거나 부정한 것이 아니라는 것을 명심해야 한다. 옛것이 가진 고유한 음색과 아름다움이라는 본질(古)은 그대로 간직한 채, 그것이 더 넓은 세상의 음악과 상통할 수 있도록 새로운 그릇(新)을 마련해 주는 것이다. 25현 가야금은 온고지신이란 낡은 것에 새로운 생명력을 불어넣어 지금 이 순간에도 살아 숨 쉬게 하는 행위임을 그 스스로의 소리로써 당당히 증명하고 있다.

6. 산책길에서 나를 새롭게 발견하는 지혜

우리는 이 산책길을 걸으며 낡은 폐역이 쉼터로 거듭난 능내역에서, 해진 치마폭이 자식의 교본이 된 하피첩에서, 그리고 옛 문헌이 백성의 삶을 구한 거중기에서 온고지신이라는 하나의 큰 지혜를 만나왔다. 나아가 25현 가야금의 사례를 통해, 그 지혜가 지금 이 순간에도 살아 숨 쉬며 새로운 가치를 창조하고 있음을 확인했다.
이처럼 온고지신은 우리가 만나는 물질문명뿐만 아니라, 우리의 삶 어디에든 존재한다. 어쩌면 이 지혜가 더욱 절실하게 필요한 곳은 눈에 보이는 사물의 세계가 아니라, 우리의 눈에 보이지 않는 내면, 즉 정신의 영역일지도 모른다.
지금까지 우리가 살펴본 낡은 것들—폐역, 낡은 치마, 옛 문헌, 전통 악기—은 모두 우리의 밖에 존재하는 대상이었다. 하지만 이제 이 산책의 마지막에 이르러, 우리는 이 온고지신의 눈길을 우리 자신에게로 돌려야 할 때를 마주한다. 우리가 마지막으로 변용시켜야 할 옛것(古)은, 바로 나 자신인 것이다.
사람이 사람인 이유가 여러 가지 있겠으나, 그중 하나는 바로 스스로를 더 나은 방향으로 끊임없이 갈고 닦아 나갈 수 있는 존재라는 데 있을 것이다. 짐승은 본능에 따라 살아가지만, 사람은 자신의 모습을 되돌아보고 어제보다 나은 내일을 만들어 가고자 애쓴다.

그렇다면 우리에게 온고지신의 대상이 되는 옛것(古)은 무엇일까. 그것은 바로 오랫동안 나에게 익숙해진 나머지 굳어버린 낡은 습관(習慣), 세상을 바라보는 나만의 편협한 생각(性向), 그리고 나 자신이 없애고 싶다고 여기는 나의 단점(短點)들일 것이다.

우리는 종종 나의 단점이나 낡은 습관을 그저 버려야 할 것, 없애야 할 것으로만 여긴다. 마치 능내역의 낡은 철길을 완전히 뜯어내고 그 위에 아스팔트를 새로 깔아야 한다고 생각하듯이 말이다. 하지만 우리가 이 길에서 배운 온고지신은 제거와 파괴를 말하지 않았다. 그것은 낡은 것의 본질을 껴안고 그것을 새로운 쓰임으로 바꾸어내는 변용의 지혜였다.

이 지혜를 내게 적용해 보는 것은 어떨까. 먼저 나의 단점이라 불렀던 그것을 가만히 익혀야(溫) 한다. 그 낡은 습관이 처음 내게 생겨난 이유가 무엇인지, 그것이 한때 나를 지키기 위한 방어막은 아니었는지, 그것을 지금까지 없앨 수 없었던 이유가 무엇인지 차분히 들여다보는 것이다.

그 뿌리를 이해하게 될 때, 우리는 비로소 그것을 변용시킬 길을 찾을 수 있다. 다산이 낡은 치마에서 책이라는 새 쓰임을 찾이냈듯이, 나의 낡은 습관(古) 속에서도 새로운 가능성(新)을 발견할 수 있다. 예를 들어, 지나치게 꼼꼼하여 답답하다는 낡은 성향(古)은, 맡은 일을 빈틈없이 처리하는 성실함(新)이라는 새로운 역할로 변용될 수 있다. 말이 너무 많다는 옛 습관(古)은 다른 이의 마음을 열게 하는 공감 능력(新)으로 다시 태어날 수 있다.

이것이야말로 낡은 나를 부수지 않고, 낡은 나의 토대 위에서 새로운 나를 알아가는(知新) 진정한 온고지신이다. 우리가 다산 선생의 흔적이 서린 이 장소들을 산책하며 얻은 깨달음은, 머리로 아는 지식에 머물러서는 안 된다. 이 길 위에서 만난 다산의 지혜를 빌려, 내 삶의 낡은 부분들을 새롭게 바꾸어 나가는 실천이 필요하다.

능내역은 기차가 멈춘 길이라는 과거(古)를 버리지 않고, 그 위에 사람이 걷는 길이라는 현재(新)를 덧입혔다. 이 산책길을 마무리하는 지금, 우리도 스스로에게 물어보아야 한다. 나는 내 삶에서 멈춰버린 낡은 철길을 어떻게 새로운 길로 바꾸어 낼 수 있을까. 이 다산의 길에서 만난 가장 큰 깨달음은, 바로 나를 새롭게 태어나게 하는 지혜일 것이다.

다산의 산책 노트 ⑦
온고지신의 지혜로 자신을 변화시키기

온고지신의 지혜는 옛것을 본받아 새로운 것을 창조하는 데 그치지 않는다.
물질문명뿐 아니라, 자신의 내면을 성찰하고
더 나은 방향으로 나아가는 정신적인 영역에도 깊이 적용된다.

온고지신의 지혜로 바꾸고 싶은 자신의 모습은?

사람은 스스로를 더 나은 방향으로 끊임없이 갈고닦을 수 있는 존재이다. 이번 산책에서 얻은 온고지신의 지혜를 바탕으로, 스스로 돌아보고 바꾸고 싶은 자신의 성격이나 습관, 단점은 무엇인지 적어보자.

온고지신으로 새로이 세우고 싶은 습관은?

다산은 평생 성실히 저술하고 공부하는 옛 자세를 견지했다. 그의 옛 모습에서 본받아

새롭게 만들고 싶은 자신만의 긍정적인 습관이 있다면 무엇인지 적어보자.

경계를 벗어나다
출경出境
다산 산책 기행

사유의 길을 마치며, 다시 삶의 이정표 앞에 서다

다산의 자취가 머문 남양주, 그 사유의 길을 따라 걸었던 우리의 산책이 이제 끝을 맺는다. 우리는 이 길 위에서, 경세(經世)의 푸른 뜻을 채 펼치기도 전에 스러져야 했던 한 천재의 짧은 봄날과, 그보다 길고 혹독했던 시련의 겨울을 목도했다. 정계에서의 시간은 찰나에 불과했지만, 그의 사상이 우리에게 영원한 스승으로 남을 수 있었던 것은 역설적이게도 그 고난의 시간 덕분이었다.

다산에게 유배라는 시련은 삶의 종결로 그치지 않고, 오히려 삶을 직시하며 학문을 벼리는 계기가 되었다. 그는 깊은 수렁에서도 옛 선현의 지혜를 길어 올려 자신의 삶으로 실천했고, 고통의 무게만큼이나 깊어진 사유로 자신을 더욱 굳건하게 벼렸다. 그의 생애는 역경이야말로 한 인간을 깊은 곳에서부터 성장하게 하는 동력임을 묵묵히 증명한다.

우리 역시 각자의 삶에서 피할 수 없는 시련의 골짜기를 만난다. 어차피 지나야 할 그 어둠의 시간이라면, 다산이 그러했듯, 그것을 원망의 대상으로 삼기보다 자신의 내면을 곧게 살피는 기회로 삼아야 할 일이다. 이 산책의 여정에서 우리가 얻고자 했던 답도 궁극에는 그것이었으리라 여겨진다.

다산이 그 혹독한 시대를 견디고 마침내 스스로를 완성할 수 있었던 근원은 무엇이었을까. 그것은 외부의 비난이나 평가에 흔들리지 않고 오롯이 자신에게 집중하는 고고한 태도에 있었다. 그는 바깥의 소리에 휩쓸리는 대신, 자신의 안에서 마땅히 행해야 할 바를 찾았다. 유배지에서 보낸 18년의 세월은 자신을 향한 천착(穿鑿)의 시간이었다. 타인의 평가가 아닌, 오직 학문과 수양이라는 본질에만 몰두했기에 그는 시대의 풍파에 꺾이지 않을 수 있었다.

지금 우리가 쉬이 지치고 흔들리는 이유는, 어쩌면 우리 자신의 내면에 귀 기울이기보다 타인의 시선과 잣대에 스스로를 내맡기고, 끊임없는 비교 속에 길을 잃기 때문인지도 모른다.

다산을 밀어낸 것은 결국 중용(中庸)의 도(道)를 잃어버린 시대의 편협함이었다. 세상을 오직 옳음과 그름, 적과 아군으로만 나누려 했던 맹목적인 이분법적 사고가 당대의 그 위대한 지성을 품지 못했던 것이다. 한 시대의 시야가 좁아질 때, 그 안의 고정관념이 견고해질 때, 역사는 참혹한 비극을 맞이하곤 했다. 조선 후기의 경직된 당쟁(黨爭)은 다름을 틀림으로 규정했고, 그 잣대 앞에서 다산의 실학(實學) 사상은 위험한 것이 되었다. 다산의 불운은 그 흑백논리의 시대가 낳은 필연적인 희생이었다.

그러나 다산은 그 시대의 논리에 갇히기를 거부했다. 그는 현실을 직시하되 그 한계에 매이지 않고 사유했던 선각자(先覺者)였다. 비록 그의 육신은 스러지고 없으나, 그가 남긴 가르침과 사상은 이 길 위에 여전히 살아 있다.

이제 산첩을 덮으며, 이 산책길에서 마주한 사유의 갈피들이 여러분 한 사람 한 사람의 삶으로 스며들기를 소망한다. 다산이 후대에게 전하고 싶었던 삶의 지혜가, 그리하여 우리에게 남겨진 시간을 이전보다 더 깊고 올곧게 살아낼 든든한 이정표가 되어 주기를. 이 책이 그 길을 걷는 내내 곁을 지키는 다정한 길잡이가 되었기를 진심으로 바란다.

참고문헌

정약용, 『기중도설(起重圖說)』.

_____, 『여전론(閭田論)』, 1798.

_____, 『하피첩(霞帔帖)』, 1810.

_____, 『시경강의보(詩經講義補)』, 1810.

_____, 『아방강역고(我邦疆域考)』, 1811.

_____, 『논어고금주(論語古今注)』, 1813.

_____, 『대학공의(大學公議)』, 1814.

_____, 『중용자잠(中庸自箴)』, 1814.

_____, 『대동수경(大東水經)』, 1814.

_____, 『심경밀험(心經密驗)』, 1815.

_____, 『방례초본(邦禮草本)』.

_____, 『목민심서(牧民心書)』, 1818.

_____, 『다신계절목(茶信契節目)』, 1818.

_____, 『흠흠신서(欽欽新書)』, 1822.

_____, 『아언각비(雅言覺非)』, 1819.

_____, 『자찬묘지명(自撰墓誌銘)』, 1822.

_____, 『유배지 서간』, 1801-1818.

『논어(論語)』.

『맹자(孟子)』.

『대학(大學)』, 『예기(禮記)』.

『중용(中庸)』, 『예기』.

『예기(禮記)』, 전국-전한 편찬.

다시 시작할 용기가 필요한 이들에게
절망을 이겨낸 다산의 길을 권하다

다산 산책 기행

초 판 1쇄 발행 2025년 11월 12일

지은이 백제나

펴낸이 김민성
편 집 이성은
디자인 한지원
삽 화 정지헌

펴낸곳 구텐베르크
주 소 경기도 수원시 광교로156 광교비즈니스센터 6층
전 화 070-8019-3287　　　　　　　　**메 일**　team@gutenberginc.com
인스타그램 @gutenberg.pub　　　**블로그**　blog.naver.com/gutenberg_

- 이 책은 저작권법에 따라 보호를 받는 저작물이므로 무단 전재와 무단 복제를 금지하며, 이 책 내용의 전부 또는 일부를 이용하려면 반드시 저작권자와 구텐베르크 출판사의 동의를 받아야 합니다.
- 책값은 뒤표지에 있습니다. 잘못된 책은 구입처에서 교환해 드립니다.

ISBN　979-11-994384-6-0 (03150)

새로운 시대를 위한 영감, 구텐베르크 출판사입니다. 좋은 도서만을 제작하겠습니다.